エリと青《あお》葉《ば》子《こ》

白エリと青エリ2／
育む茶室

関根美有

もくじ

白エリと青エリ

（2）

ここれまでのお話

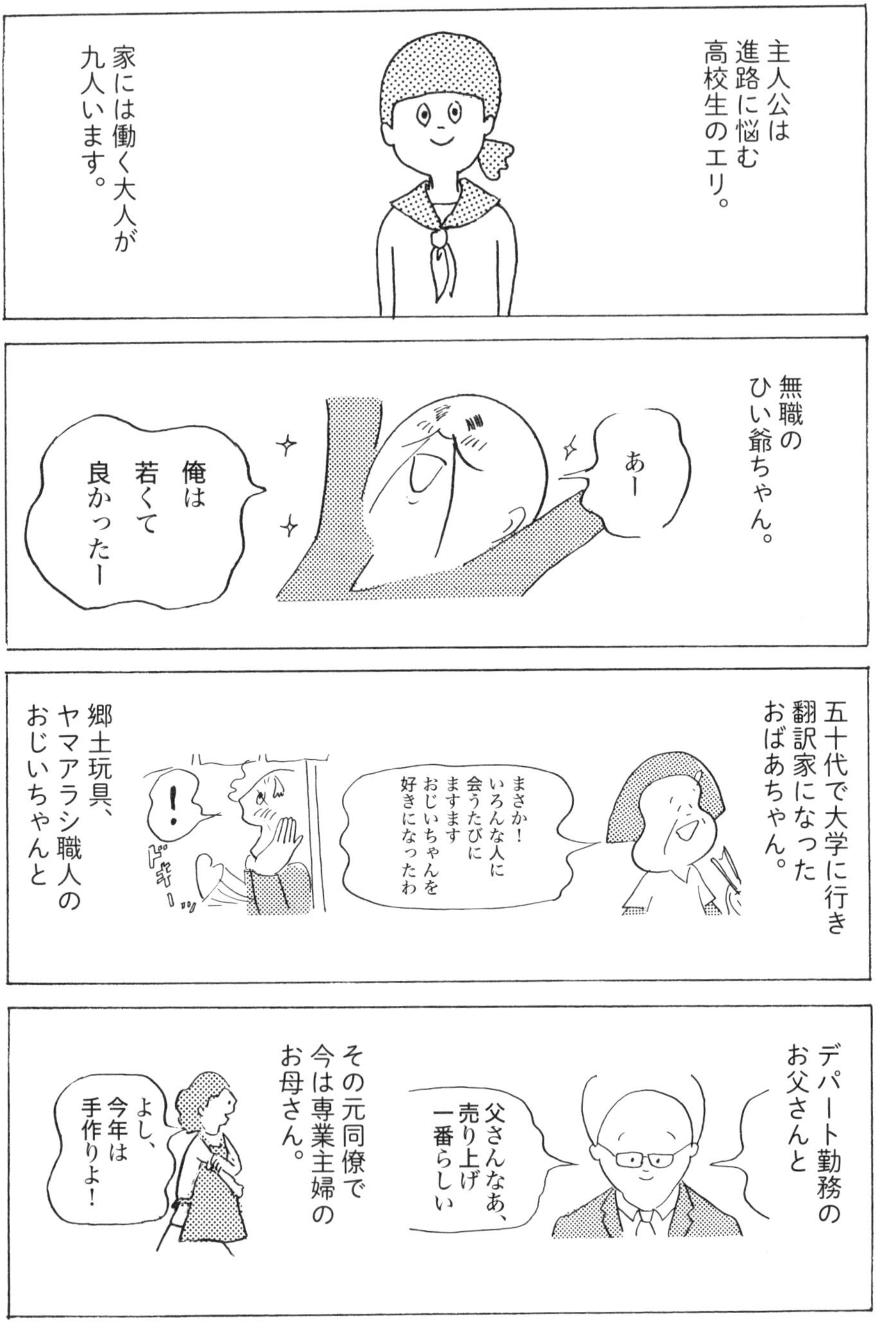
主人公は進路に悩む高校生のエリ。
家には働く大人が九人います。
無職のひい爺ちゃん。
あー
俺は若くて良かったー
五十代で大学に行き翻訳家になったおばあちゃん。
まさか！いろんな人に会うたびにますますおじいちゃんを好きになったわ
！
ドキー
郷土玩具、ヤマアラシ職人のおじいちゃんと
デパート勤務のお父さんと
父さんなあ、売り上げ一番らしい
その元同僚で今は専業主婦のお母さん。
よし、今年は手作りよ！

あまり出てこないゆういち兄ちゃん、
……
料理人のゆうじ兄ちゃん、
フランス語は独学です
システムエンジニアのゆうぞう兄ちゃん。
元気なフリも仕事のうち
いつも厳しいお姉ちゃんは旅行代理店に勤務。
バカねー！自分が誰でもないってのは
チャンスなのよー
そして、近所に住んでいる母さんの弟、タダシ叔父さんは芸人さんです。
俺は夢を売る仕事をしているんだもの！
エリは今日もちゃぶ台で大人たちを眺めて
私はできあがりつつあるんだ
はたらくとは何かを考えています。

第17話　エリとドラキュラ？

終電で帰りたい～?
どんだけラクしたいんだ～?
人間、ヒマだとロクなことしないんだよ
ガハ
ハハ
ハ
ハハ
だからはたらけ!みんな、もっとはたらけ!
会社選びを間違えました。一年前に体をこわして、
エリ、これ読でみて
以来、プチひきこもりです。
まんが?
うん、ヒマだったから描いてみた
すごく……ヘタクソ!
やっぱり?テヘヘ

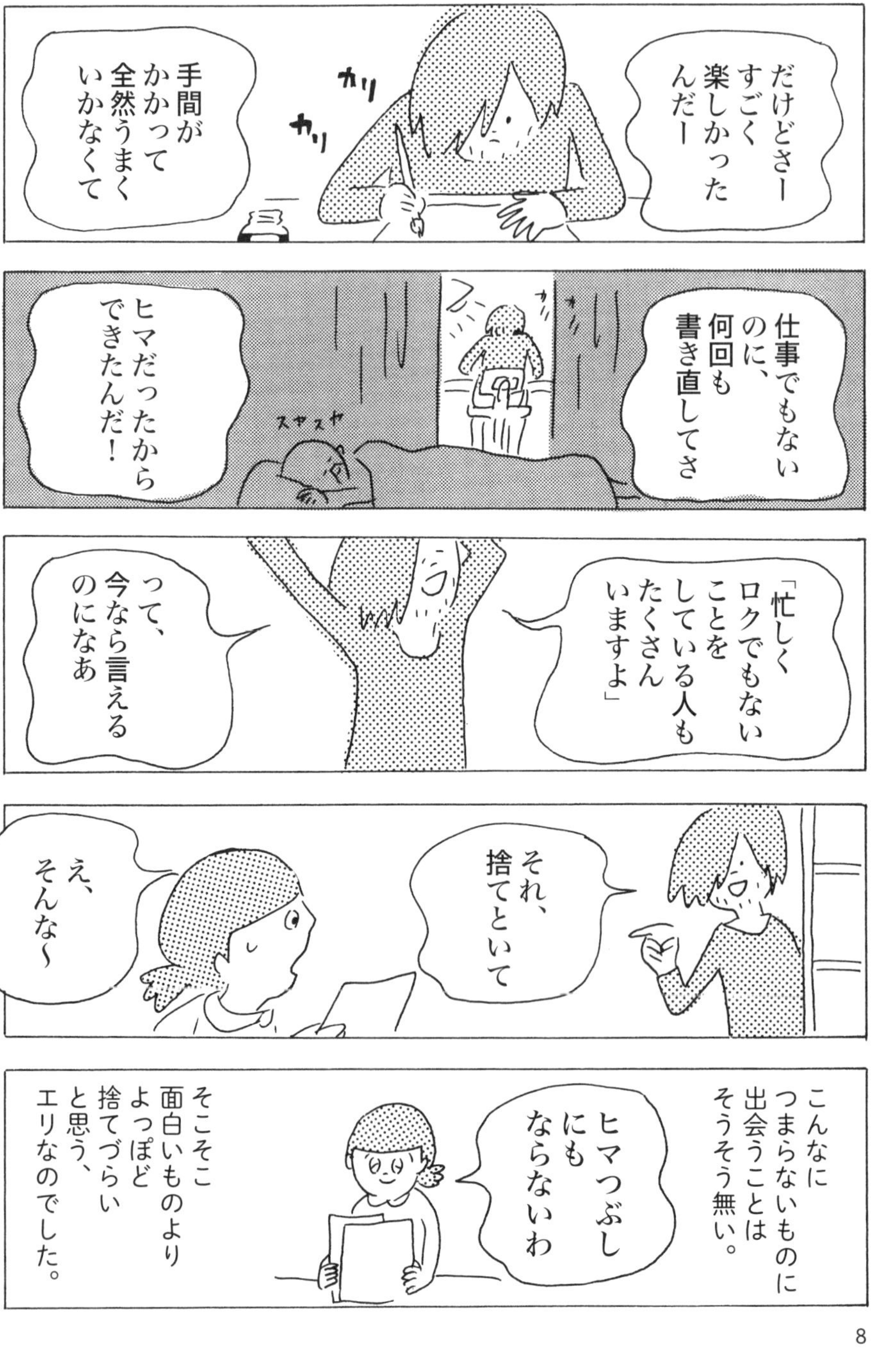
だけどさー すごく楽しかったんだー
カリ
カリ
手間がかかって全然うまくいかなくて
仕事でもないのに、何回も書き直してさ
スヤスヤ
ヒマだったからできたんだ！
「忙しくロクでもないことをしている人もたくさんいますよ」
って、今なら言えるのになあ
それ、捨てといて
え、そんな～
こんなにつまらないものに出会うことはそうそう無い。
ヒマつぶしにもならないわ
そこそこ面白いものよりよっぽど捨てづらいと思う、エリなのでした。

第18話　エリにエアメール

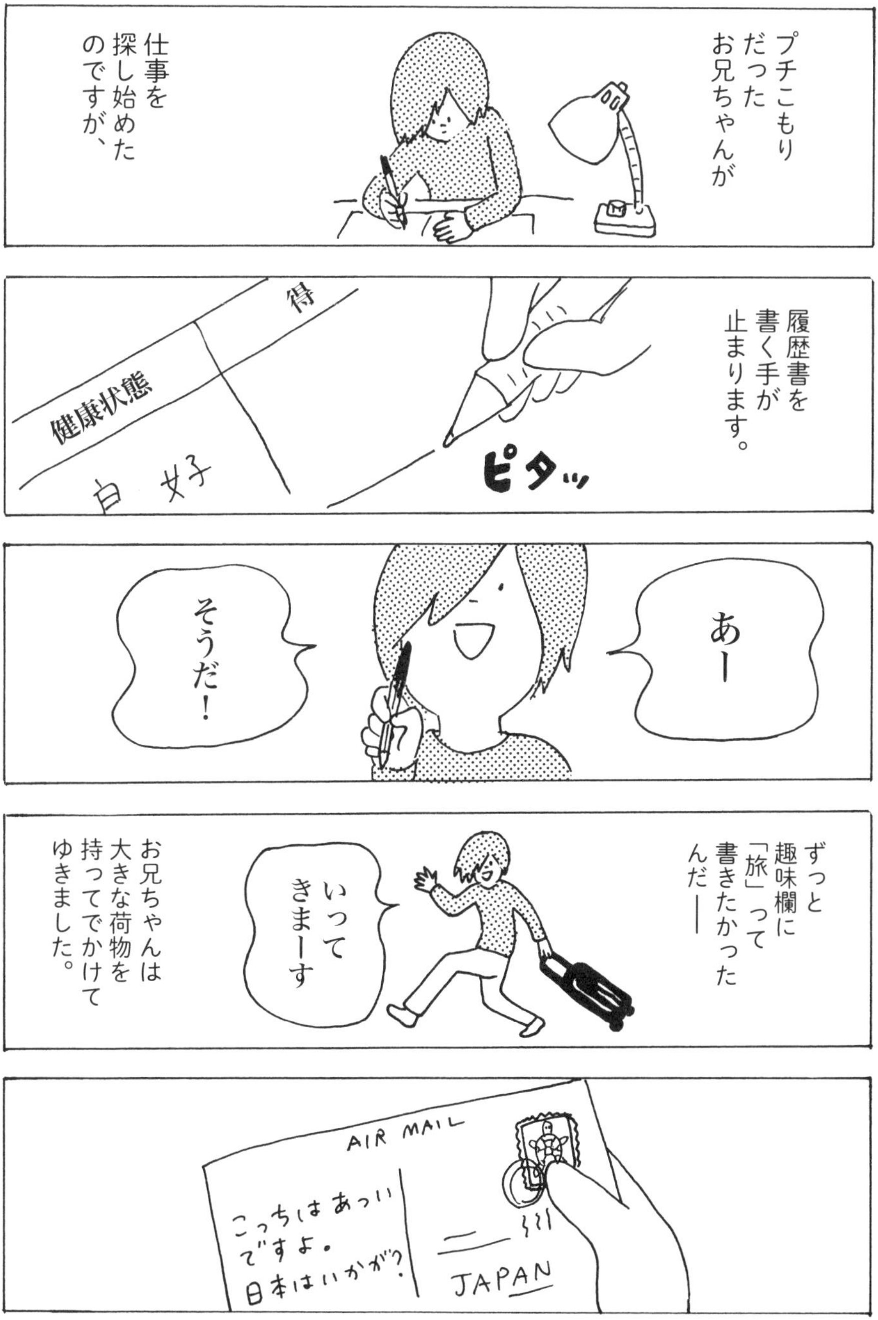
プチこもりだったお兄ちゃんが
仕事を探し始めたのですが、
履歴書を書く手が止まります。
健康状態
得
ピタッ
あー
そうだ！
ずっと趣味欄に「旅」って書きたかったんだ――
いってきまーす
お兄ちゃんは大きな荷物を持ってでかけてゆきました。
AIR MAIL
こっちはあっついですよ。
日本はいかが？
JAPAN

楽しそうだなあ
趣味っていいなあ
ギュッ
よしっ！
私もでかけよう！
手始めにまずは近場で
学校までの定期で行けるとこ……
ガタン
ゴトン
ガタン
そうそう、川が見えるんだよなー
いいねー旅っぽい！降りてみっかー
この土手をのぼれば雄大な川が〜！
タタタ〜

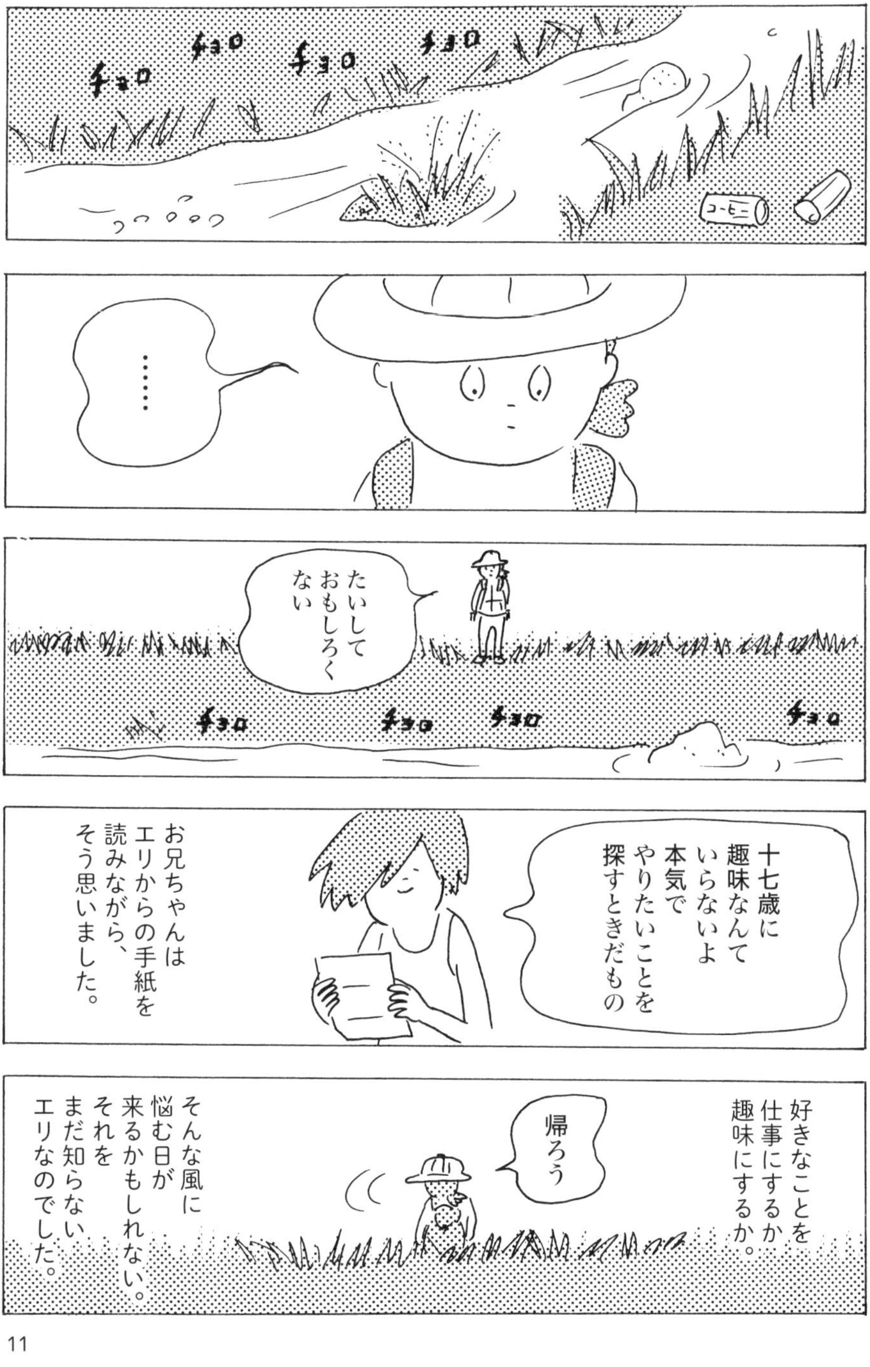
チョロ
チョロ
チョロ
チョロ
……
たいして
おもしろく
ない
チョロ
チョロ
チョロ
チョロ
十七歳に
趣味なんて
いらないよ
本気で
やりたいことを
探すときだもの
お兄ちゃんは
エリからの手紙を
読みながら、
そう思いました。
好きなことを
仕事にするか
趣味にするか。
帰ろう
そんな風に
悩む日が
来るかもしれない。
それを
まだ知らない
エリなのでした。

第19話　エリとキャッチャーミトン

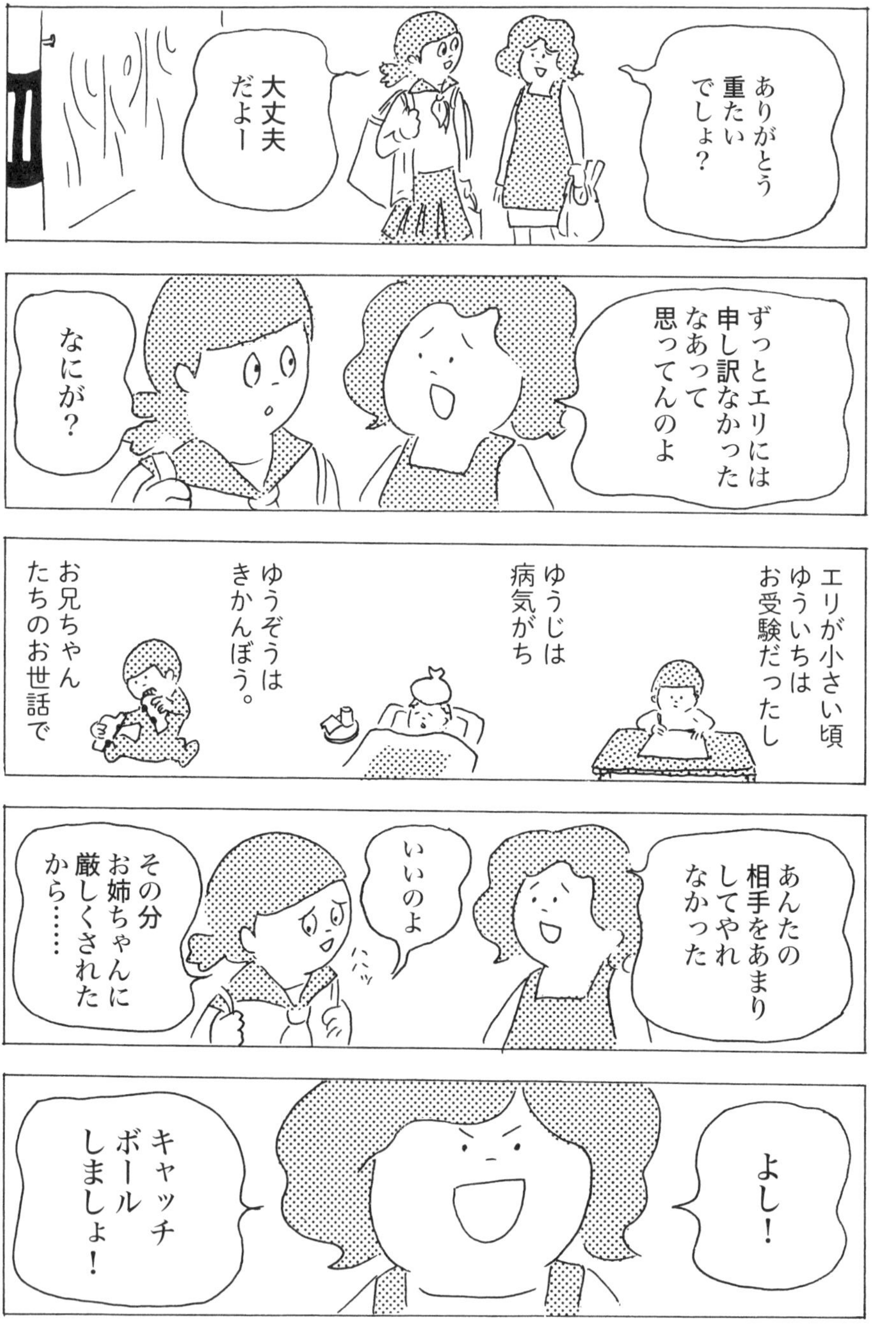

えーっ
はずかしい
よー
ガサゴソ
はなれて
はなれて
本当に
やるのー
？
お父さんは
運動が苦手
だからね
私が
相手よ
私だって
体育嫌い
だよー
ほんと、
あんたは
お父さん似ね
あのさ
パシッ
これ
どうなったら
終わりなの？
勝負も
つかないし
キャッチ
ボールは
終わりがない
わ
シュッ

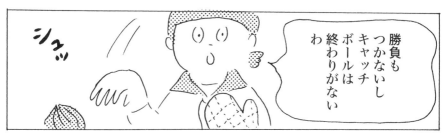

だから、お腹すいたとか日が落ちたとかボールがなくなったとか
カー
カー
そういう理由で終わるのね。
自分の意思でなく外的要因で終わらせなきゃいけないことがある
ってことを父が子に教えるのがキャッチボールなんだな。
ヘーイ じゃあ、五十回続いたら帰ろうぜーっ
えっ
ああ、その手があったか
シューッ
自分たちでルールを決めればいいんだ。
思いがけないポジティブに
ヘイ ヘイ
「似てないってのも悪くないね」と思ったエリなのでした。

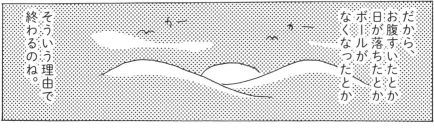

キャッチボールに使用した玉ねぎはみんなでおいしくいただきました
ガッ
ガッ

第20話　エリのシンキングタイム

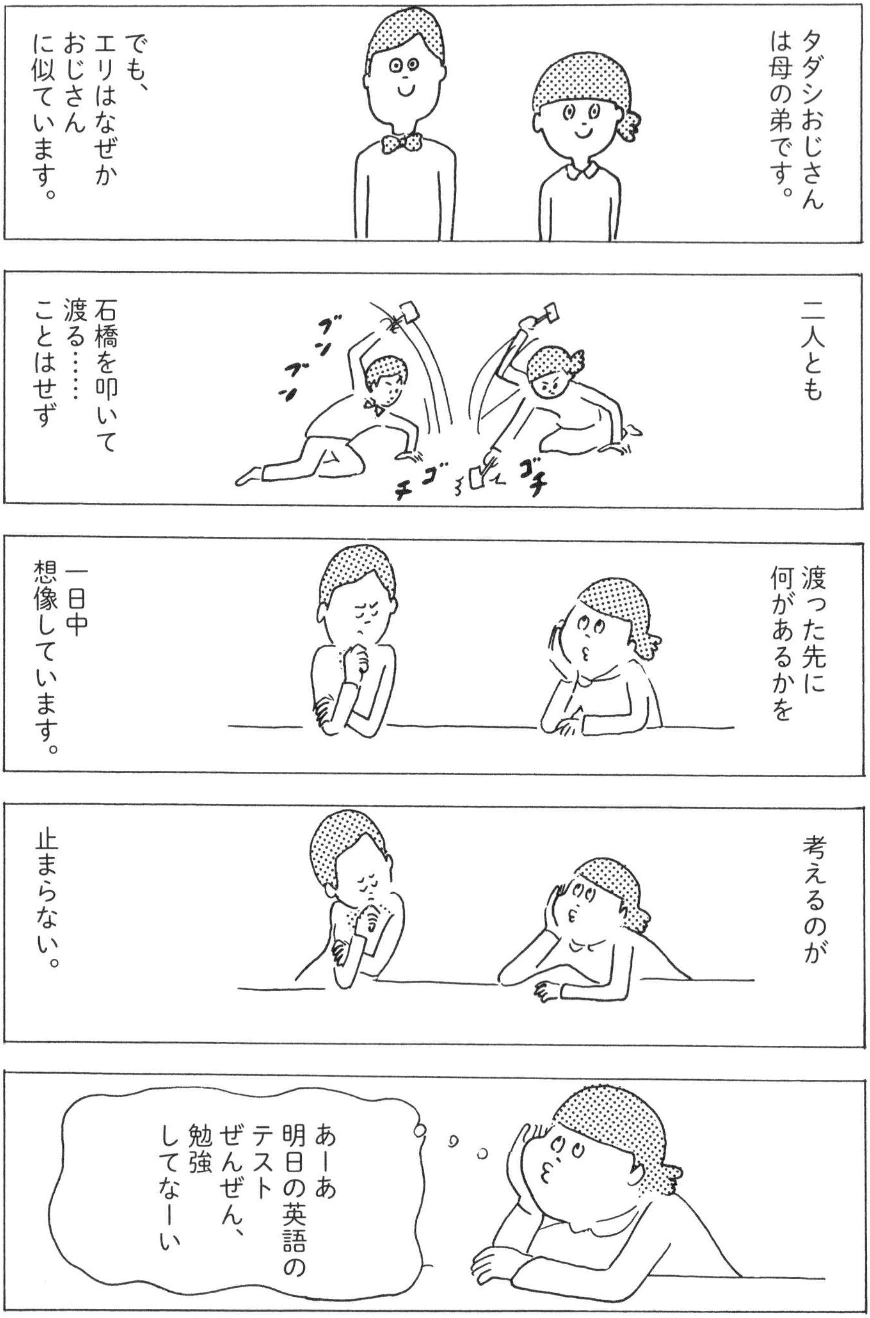
タダシおじさんは母の弟です。
でも、エリはなぜかおじさんに似ています。
二人とも
ブン
ブン
ゴチ
ゴチ
石橋を叩いて渡る……ことはせず
渡った先に何があるかを
一日中想像しています。
考えるのが
止まらない。
あーあ明日の英語のテストぜんぜん、勉強してなーい

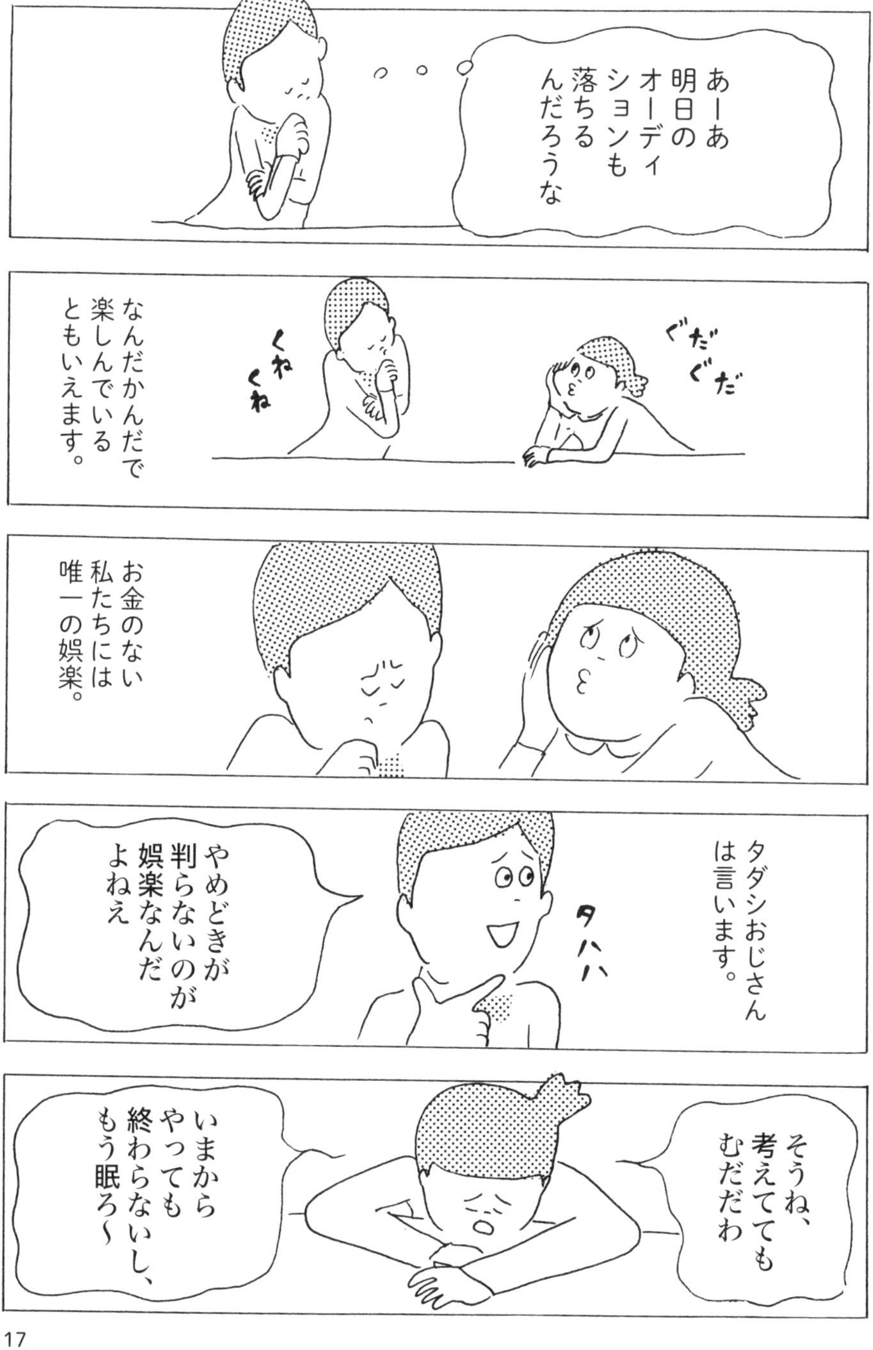
あーあ明日のオーディションも落ちるんだろうな
ぐだぐだ
くねくね
なんだかんだで楽しんでいるともいえます。
お金のない私たちには唯一の娯楽。
タダシおじさんは言います。
タハハ
やめどきが判らないのが娯楽なんだよねえ
そうね、考えててもむだだわ
いまからやっても終わらないし、もう眠ろ～

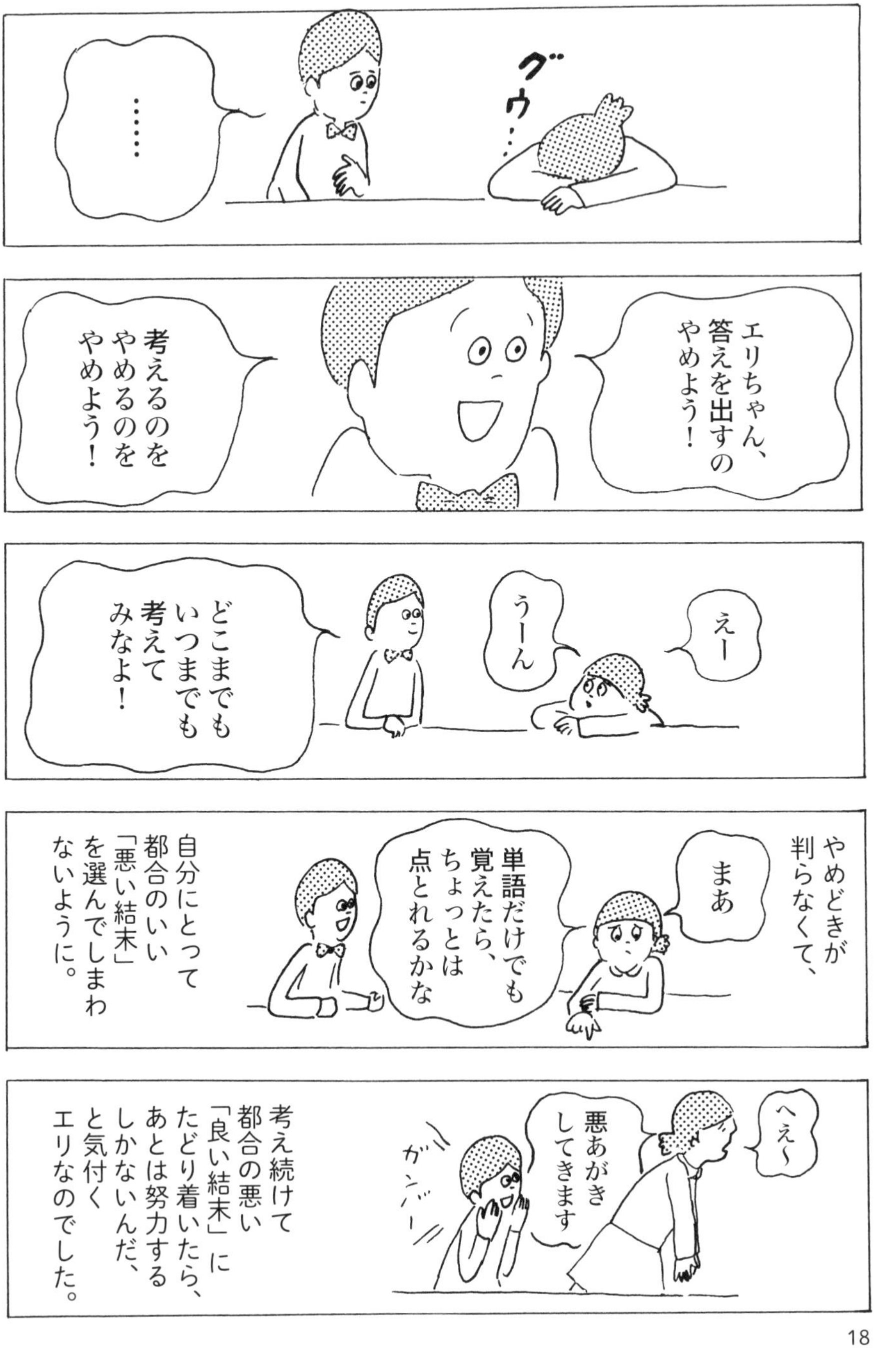

グウ…
……
エリちゃん、答えを出すのやめよう！
考えるのをやめるのをやめよう！
えー
うーん
どこまでもいつまでも考えてみなよ！
やめどきが判らなくて、
まあ
単語だけでも覚えたら、ちょっとは点とれるかな
自分にとって都合のいい「悪い結末」を選んでしまわないように。
へえ～
悪あがきしてきます～
考え続けて都合の悪い「良い結末」にたどり着いたら、あとは努力するしかないんだ、と気付くエリなのでした。

第21話 エリとおこた

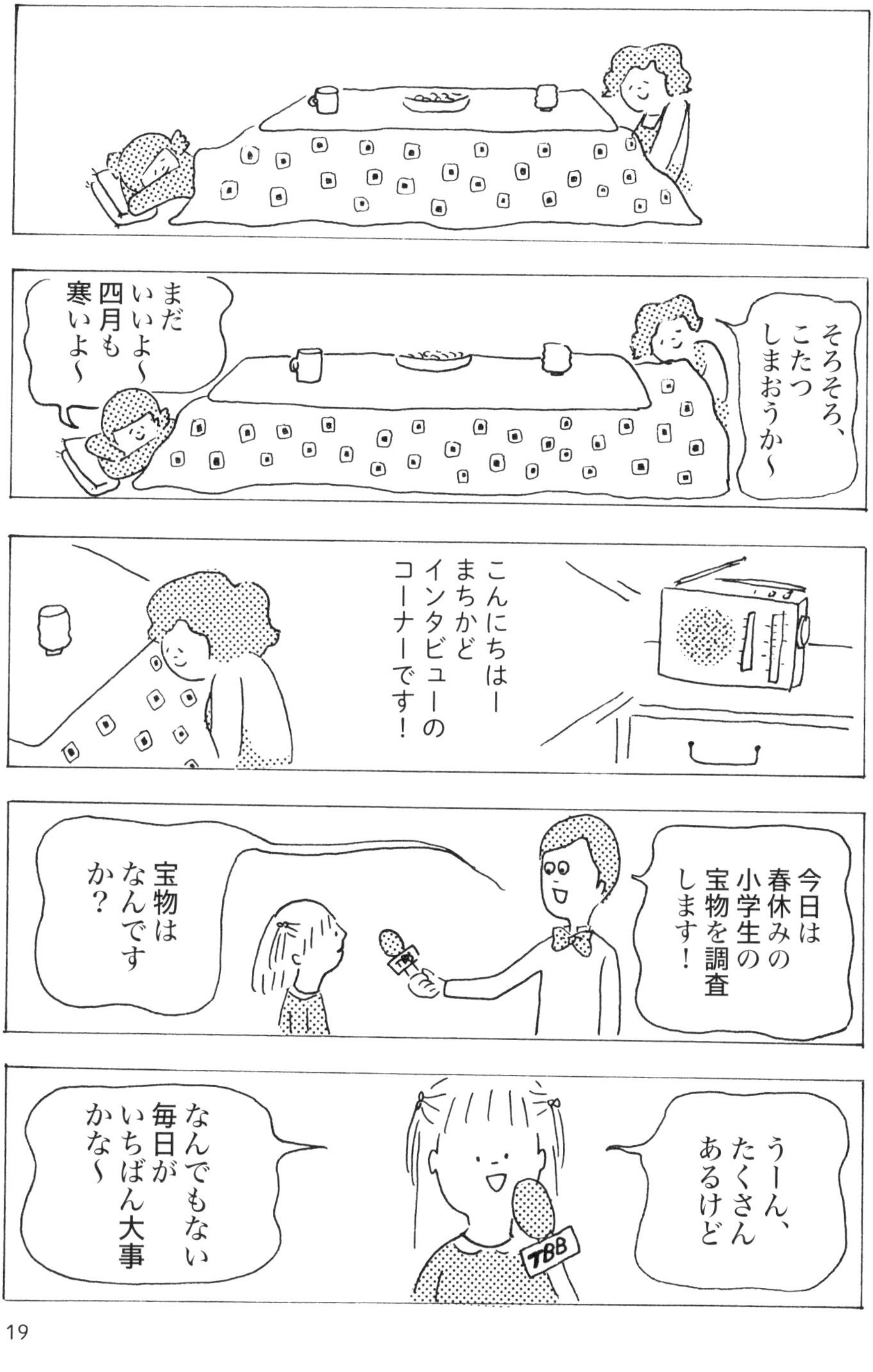

そろそろ、こたつしまおうか〜
まだいいよ〜四月も寒いよ〜
こんにちはーまちかどインタビューのコーナーです！
今日は春休みの小学生の宝物を調査します！
宝物はなんですか？
うーん、たくさんあるけど
なんでもない毎日がいちばん大事かな〜
TBB

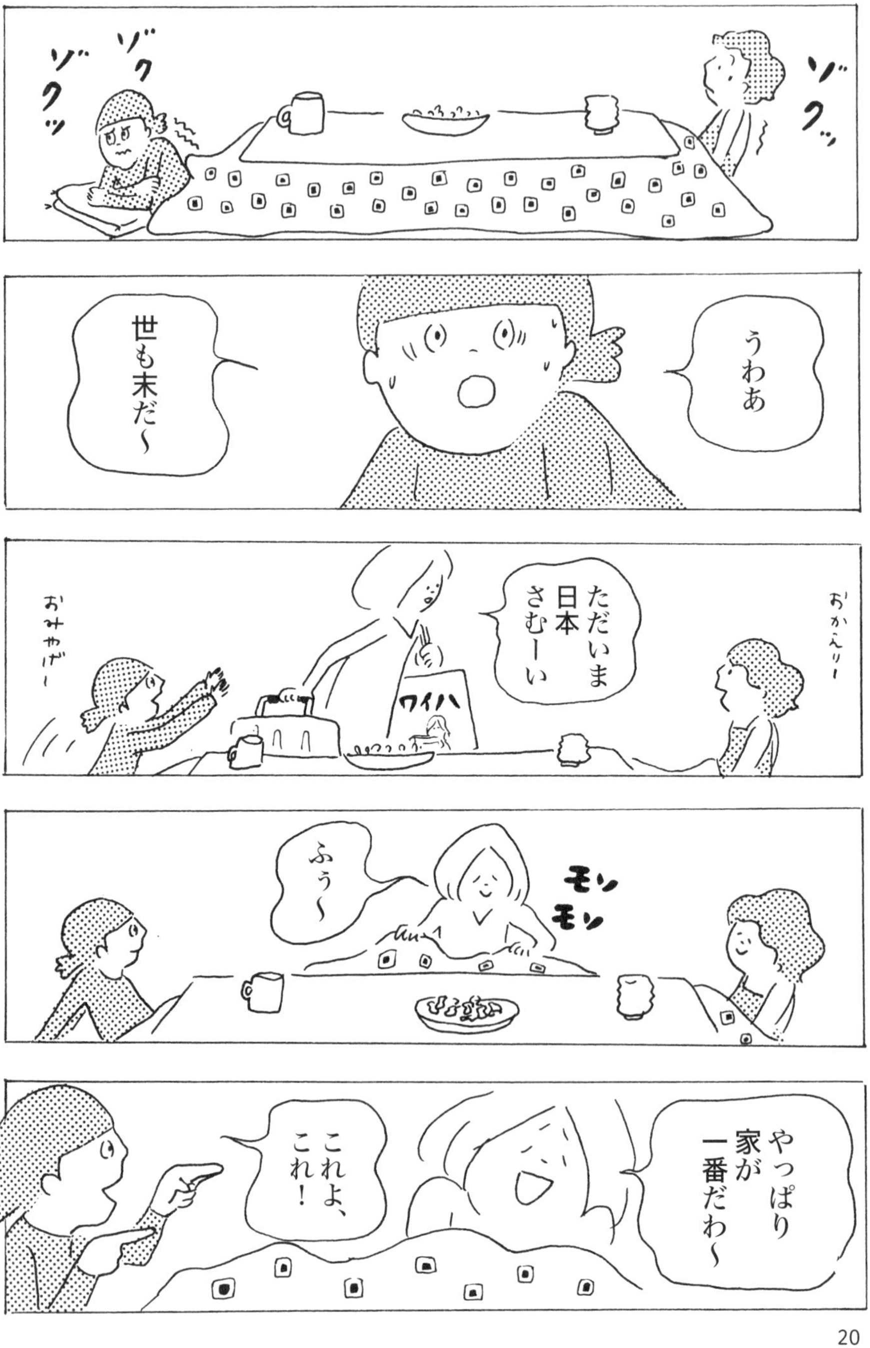
ゾクッ
ゾク
ゾクッ
うわあ
世も末だ～
おかえりー
ただいま
日本
さむーい
ワイハ
おみやげー
モソモソ
ふぅ～
やっぱり
家が
一番だわ～
これよ、
これ！

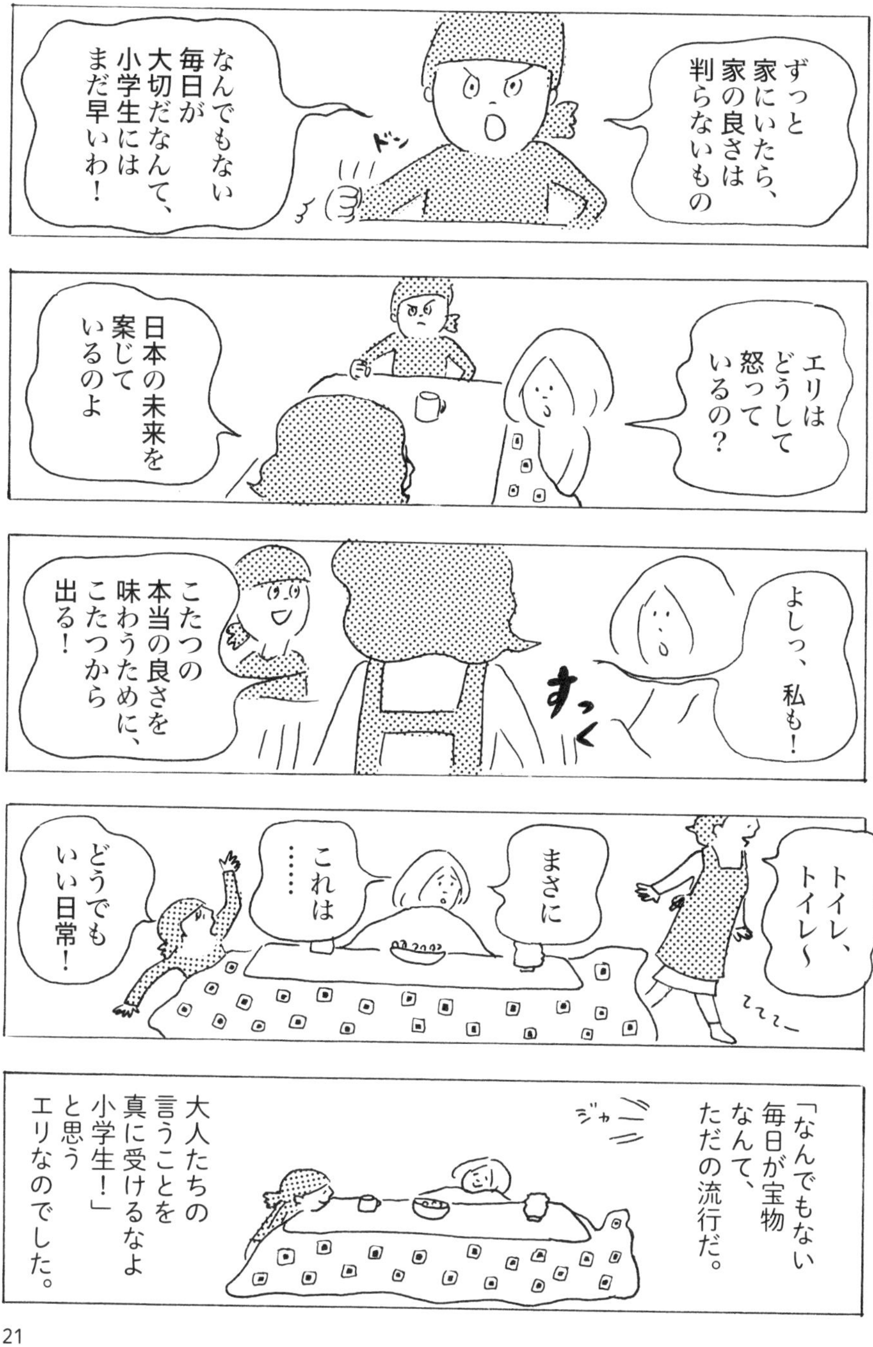

ずっと家にいたら、家の良さは判らないもの
ドン
なんでもない毎日が大切だなんて、小学生にはまだ早いわ！
エリはどうして怒っているの？
日本の未来を案じているのよ
よしっ、私も！
すっく
こたつの本当の良さを味わうために、こたつから出る！
トイレ、トイレ～
てててー
まさに
これは……
どうでもいい日常！
「なんでもない毎日が宝物なんて、ただの流行だ。
ジャ
大人たちの言うことを真に受けるなよ小学生！」と思うエリなのでした。

第22話　エリと大事な会議

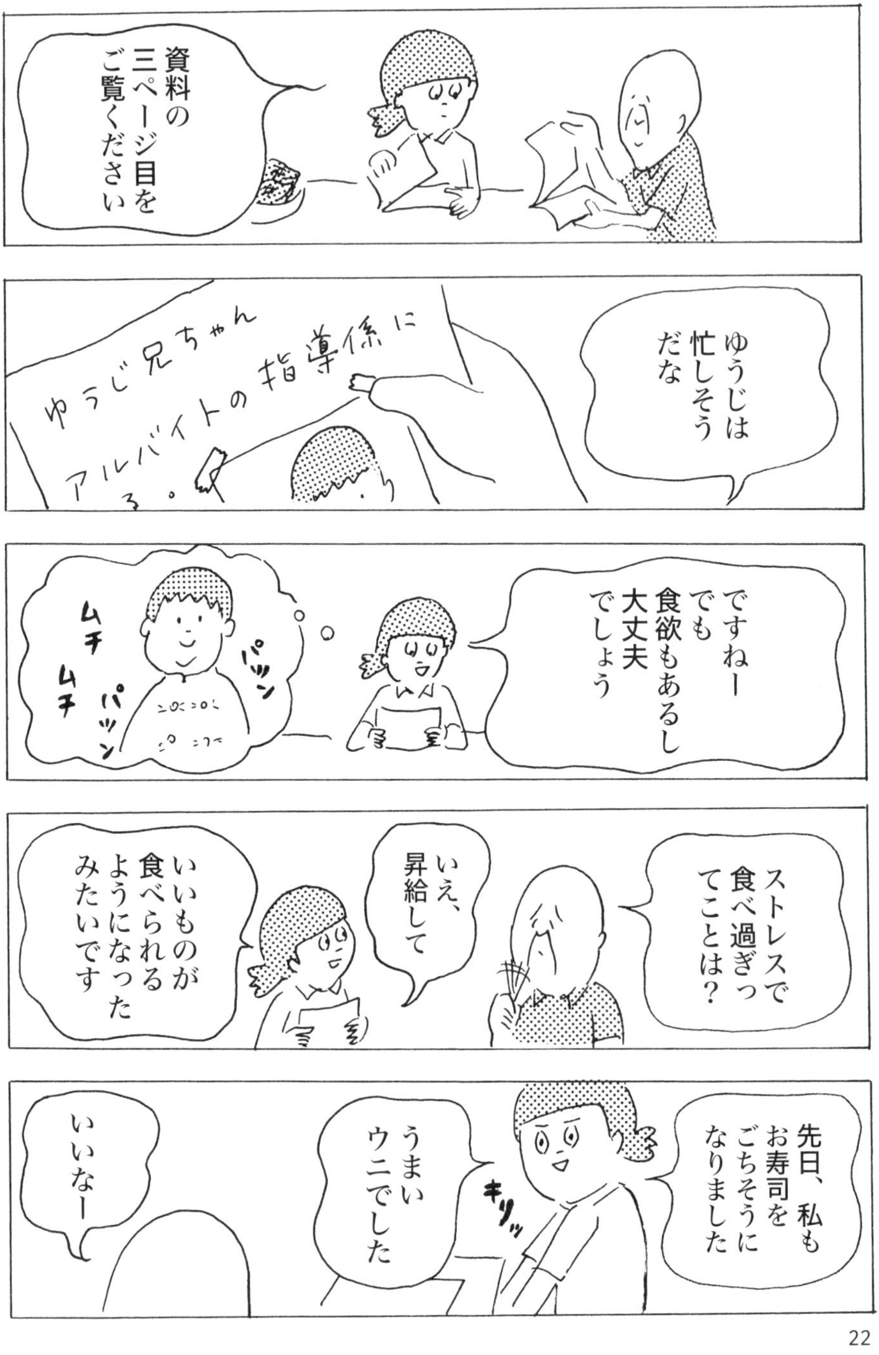

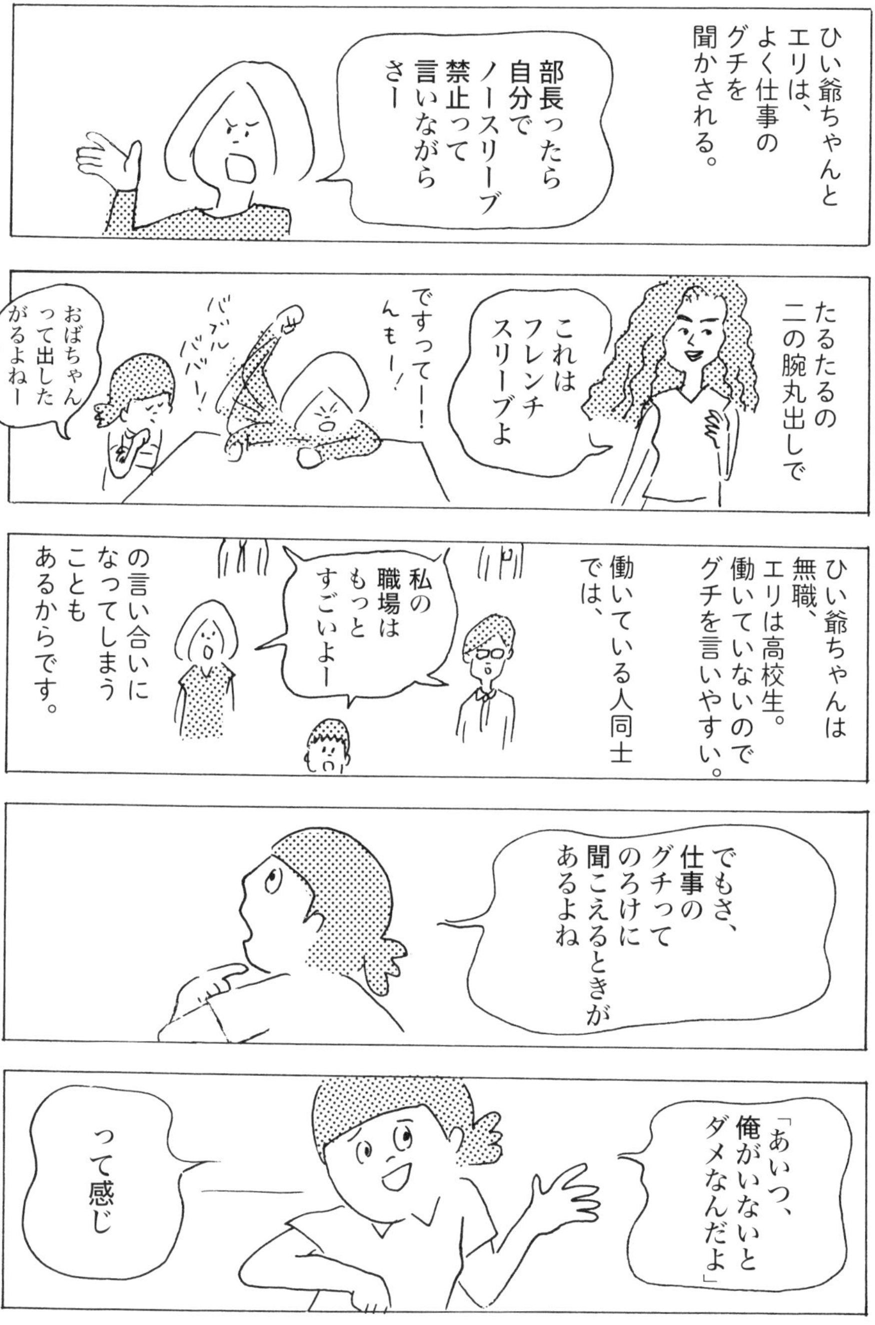
ひい爺ちゃんとエリは、よく仕事のグチを聞かされる。
部長ったら自分でノースリーブ禁止って言いながらさー
たるたるの二の腕丸出しで
これはフレンチスリーブよ
ですってー！んもー！
バブル
ババー！
おばちゃんって出したがるよねー
ひい爺ちゃんは無職、エリは高校生。働いていないのでグチを言いやすい。
働いている人同士では、
私の職場はもっとすごいよー
の言い合いになってしまうこともあるからです。
でもさ、仕事のグチってのろけに聞こえるときがあるよね
「あいつ、俺がいないとダメなんだよ」
って感じ

軽くグチをこぼしながら働いてくれる方が安心だよねー
われわれも気を抜けませんなあ
エリは若いのに責任感があってえらいねえ
無邪気に家族をまとめるのが末っ子の役目ですからね
エリが十歳のときから続く無職会議は、
おいしいお菓子が手に入ったときに不定期に行われています。
「エリが働くようになったら、
この会議も終わりか……」
そう思うとちょっとさみしいひい爺ちゃんなのでした。
モグ
モグ
モグ

どらやき六つください
エリと食べようっと

第23話　エリとカップル

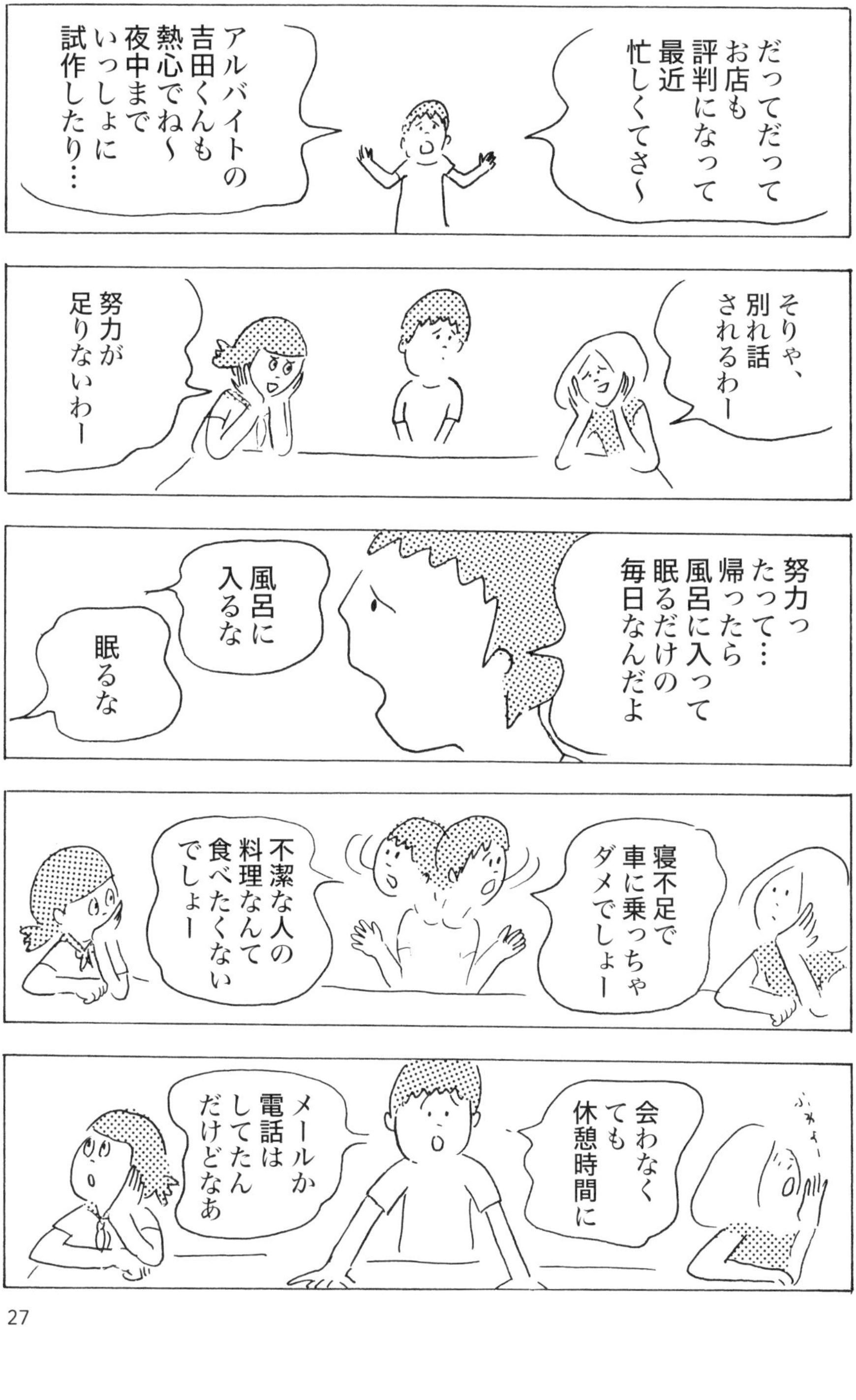

だってだって お店も 評判になって 最近 忙しくてさ〜
アルバイトの 吉田くんも 熱心でね〜 夜中まで いっしょに 試作したり…
そりゃ、 別れ話 されるわー
努力が 足りないわー
努力っ たって… 帰ったら 風呂に入って 眠るだけの 毎日なんだよ
風呂に 入るな
眠るな
寝不足で 車に乗っちゃ ダメでしょー
不潔な人の 料理なんて 食べたくない でしょー
会わなく ても 休憩時間に
メールか 電話は してたん だけどなあ

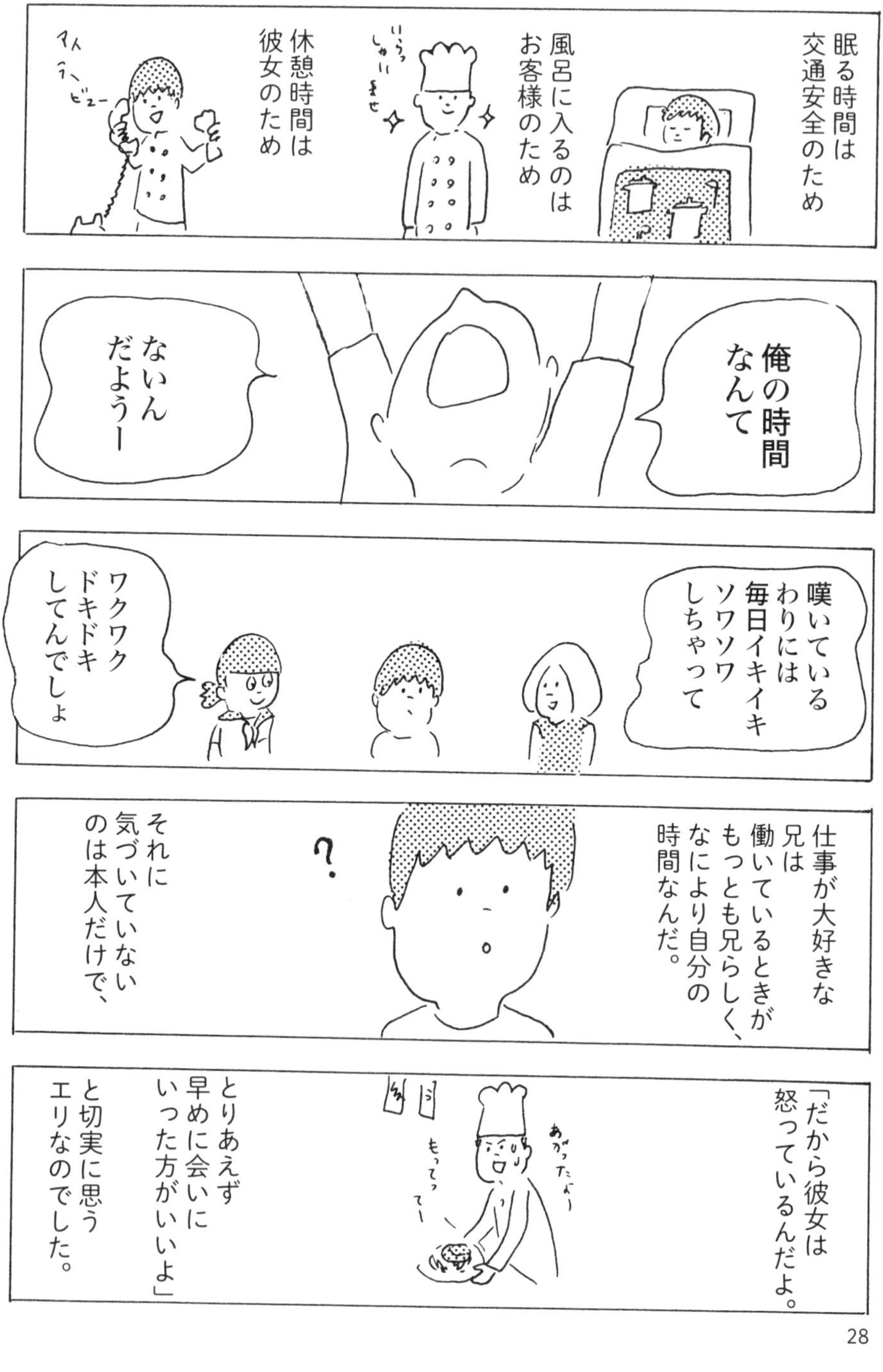
眠る時間は交通安全のため
風呂に入るのはお客様のため
いらっしゃいませ
休憩時間は彼女のため
アイラビュー
俺の時間なんて
ないんだようー
嘆いているわりには毎日イキイキソワソワしちゃって
ワクワクドキドキしてんでしょ
仕事が大好きな兄は働いているときがもっとも兄らしく、なにより自分の時間なんだ。
?
それに気づいていないのは本人だけで、
「だから彼女は怒っているんだよ。
あがったよー
もってってー
とりあえず早めに会いにいった方がいいよ」
と切実に思うエリなのでした。

第24話　エリの午後

えー
そうかなー
そんな
まさかー
週刊
ものしり
おだんご
いただいたわー
ねーえ
ねえ
「十年後に
なくなる仕事」
だって〜
週刊
ものしり
どれどれ
えー
レジ係も！
おとなりの
加藤さん、
クビに
なっちゃうねえ
加藤さん、
十年後は
きっと引っ越し
してるわよ
だんなさんが
定年したら
田舎暮らし
するんですって
あははー
それなら
安心だー
あははー

いやいや おとなりさんの 心配じゃなくて
私が 大人になった ときの 心配してるの
コンピューター やら ロボットやら のせいで
仕事が ほぼ半減する って書いて あるよー
それなら簡単！ 人間にしか できない 職業に つけばいい じゃない
なんか あるっしょ
うーん
うーん
うーん
あっ わかった！
泥棒は？

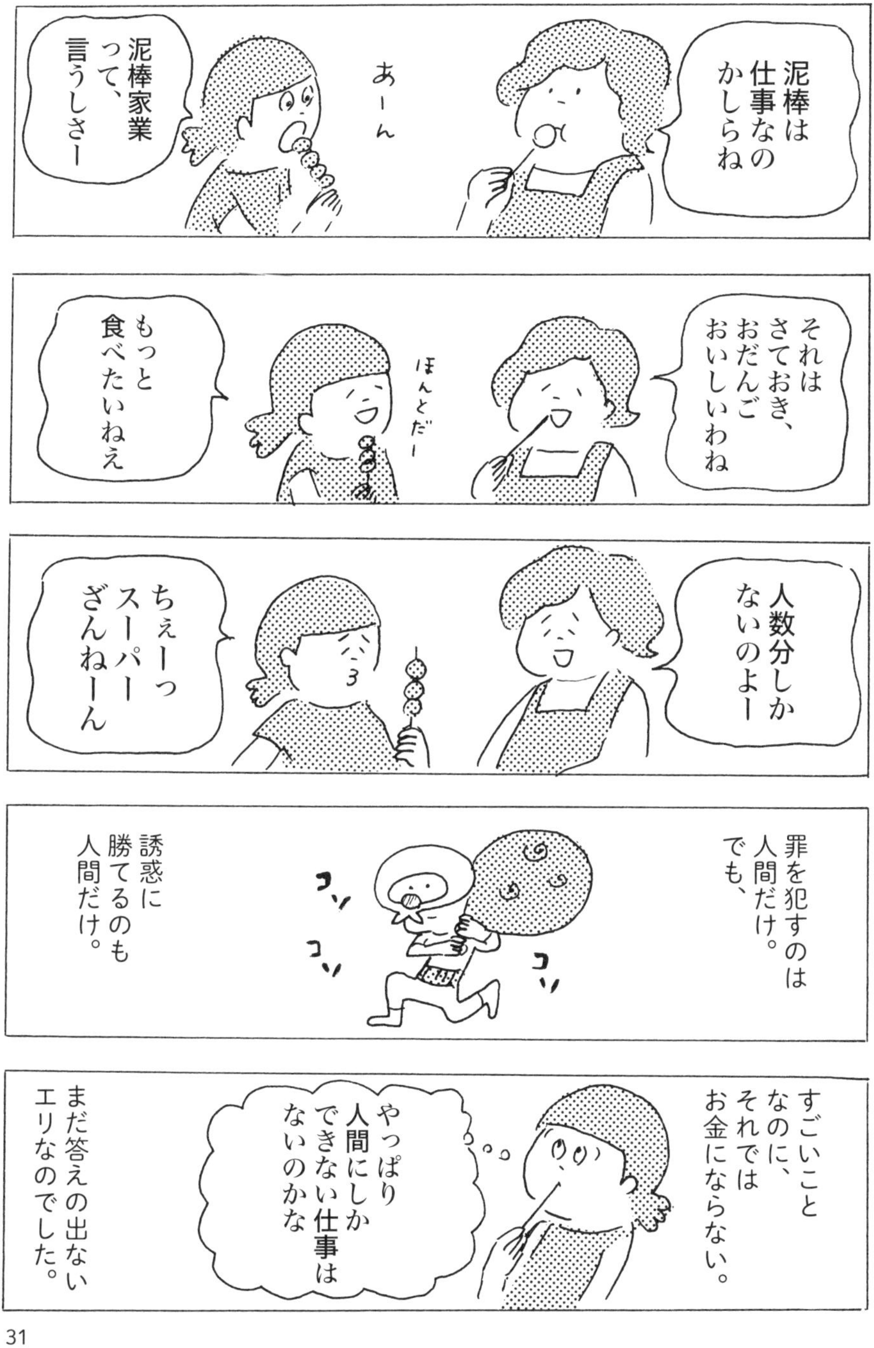
泥棒は仕事なのかしらね
あーん
泥棒家業って、言うしさー
それはさておき、おだんごおいしいわね
ほんとだー
もっと食べたいねえ
人数分しかないのよー
ちぇーっスーパーざんねーん
罪を犯すのは人間だけ。でも、
コッ
コッ
コッ
誘惑に勝てるのも人間だけ。
すごいことなのに、それではお金にならない。
やっぱり人間にしかできない仕事はないのかな
まだ答えの出ないエリなのでした。

第25話　エリとゲコハラ

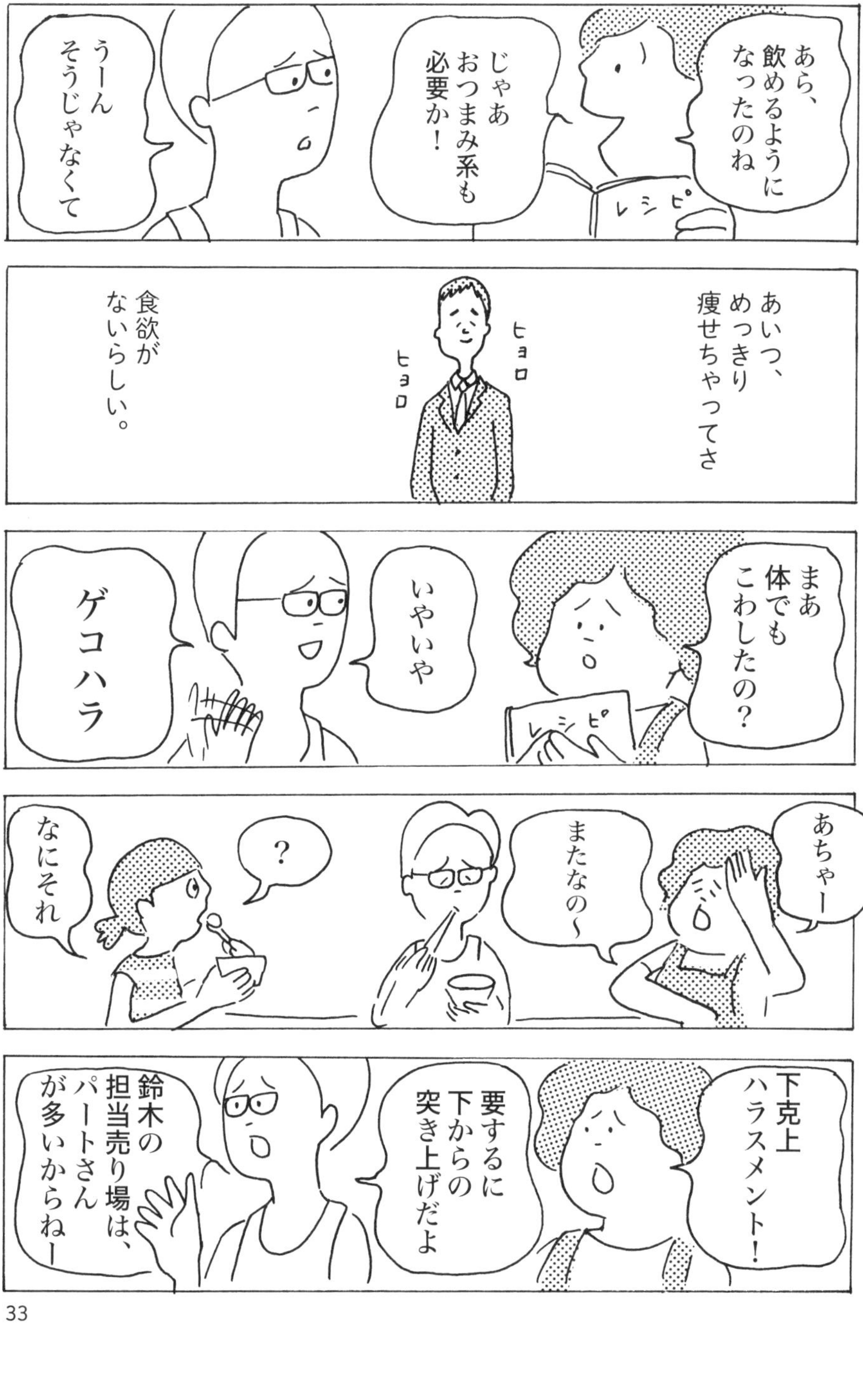
あら、飲めるようになったのね
レシピ
じゃあ おつまみ系も必要か！
うーん そうじゃなくて
あいつ、めっきり痩せちゃってさ
ヒョロ
ヒョロ
食欲がないらしい。
まあ 体でもこわしたの？
レシピ
いやいや
ゲコハラ
あちゃー
またなの〜
？
なにそれ
下克上ハラスメント！
要するに下からの突き上げだよ
鈴木の担当売り場は、パートさんが多いからねー

ビシッと言えばいいじゃない
鈴木さんの方が立場は上なんでしょ
そうはいかないよ。例えば、先生が生徒にデブとかハゲとか言ったらどうなる？
ありえなーい大問題よー
でも生徒は平気で先生の悪口を言うだろ？
言う言う一日一回は必ず言う
立場が上だから言えないこともあるのよね
レシピ
立場が下ならなにを言ってもいいってわけでもないのよね
「えらくてもお金持ちでも高学歴でも誰だって傷つくんだ」
案外世界は平等だな、と思うエリなのでした。

よしっ
これだけ食べられれば大丈夫ね
パチ
パチ
パチ
オレンジ

第26話　エリとピザまん

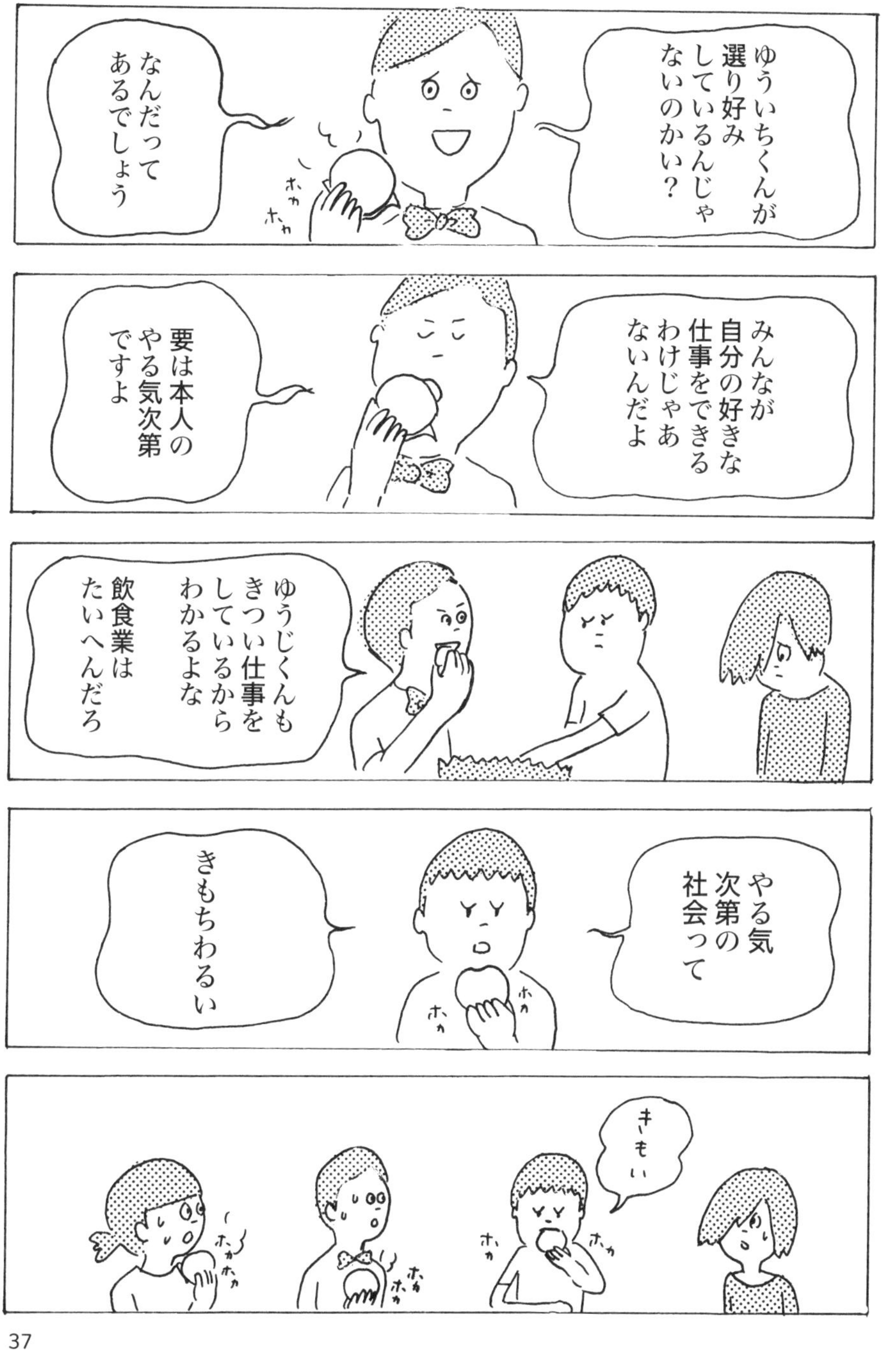
ゆういちくんが選り好みしているんじゃないのかい？
なんだってあるでしょう
ホカ
ホカ
みんなが自分の好きな仕事をできるわけじゃあないんだよ
要は本人のやる気次第ですよ
ゆうじくんもきつい仕事をしているからわかるよな飲食業はたいへんだろ
やる気次第の社会って
きもちわるい
ホカ
ホカ
きもい
ホカ
ホカ
ホカ
ホカ
ホカホカ

ロボットはもくもくと働くけど、
ホカホカ
彼らにやる気なんてないよ
ホカホカ
それは
ホカホカ
ロ、ロボットを作った人にやる気があったんじゃないかな
それじゃあさぞかし神様は
やる気まんまんで人間を造ったん…
でしょうねええ〜
モグモグ
ゆうじ兄ちゃんが怒るのも判る「気持ちでまわっている社会なんて、
たいやきごちそうさまっ
ホカホカ
気持ちで止まってしまう社会だ」と思う、エリなのでした。

第27話 エリと朝

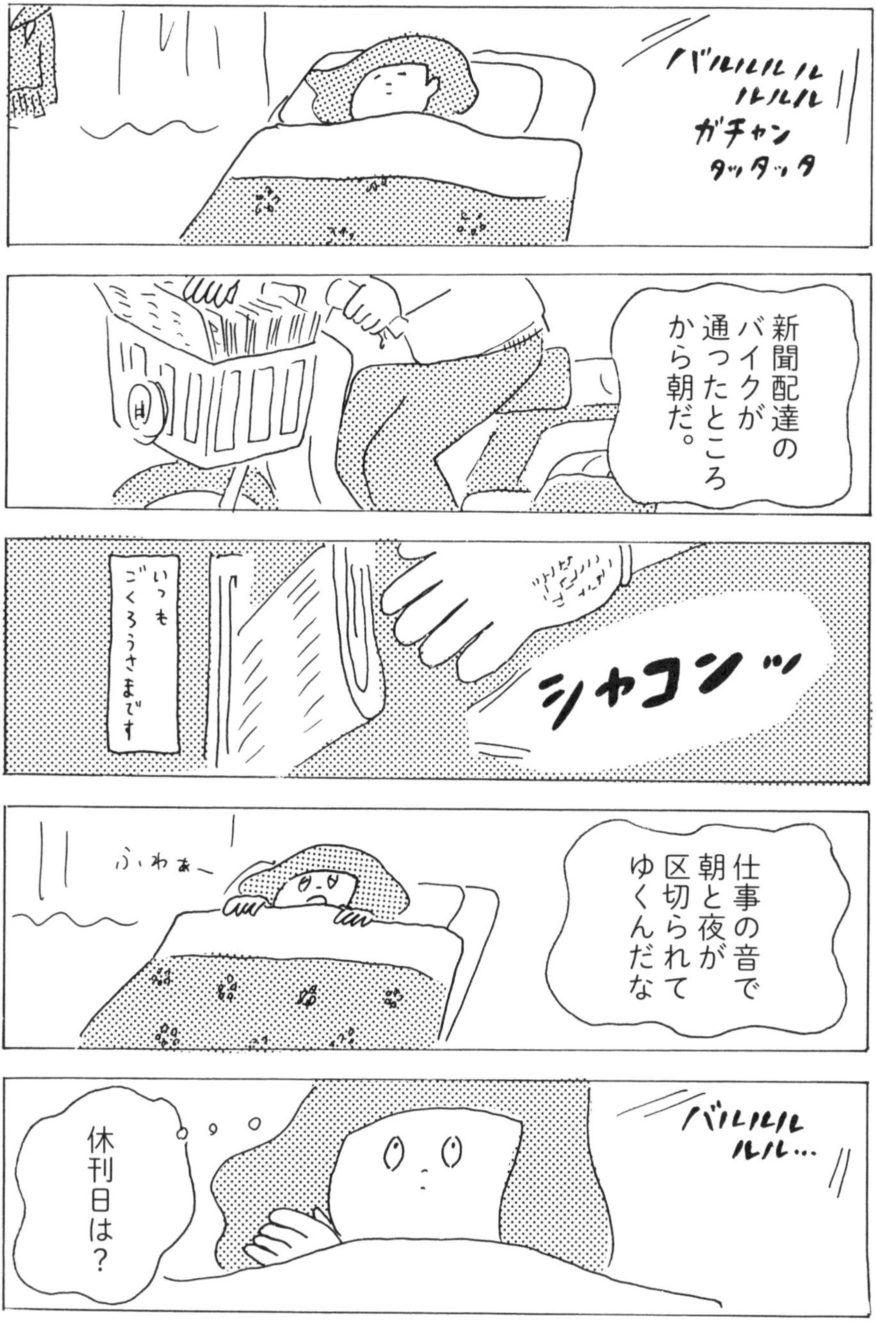
バルルルルルルルル
ガチャン
タッタッタ
新聞配達のバイクが通ったところから朝だ。
シャコンッ
いつもごくろうさまです
仕事の音で朝と夜が区切られてゆくんだな
ふわぁ〜
バルルルルルル…
休刊日は？

きびきびとした母の気配
ボコボコ
ザバー
シュンシュン
曽祖父のしめった咳払い
ごふ
ごふ
げーっふ
ごふ
ごふ
姉の悩殺いいにおい
いろんなもので朝を知る私はそれらを疑わない
もしも

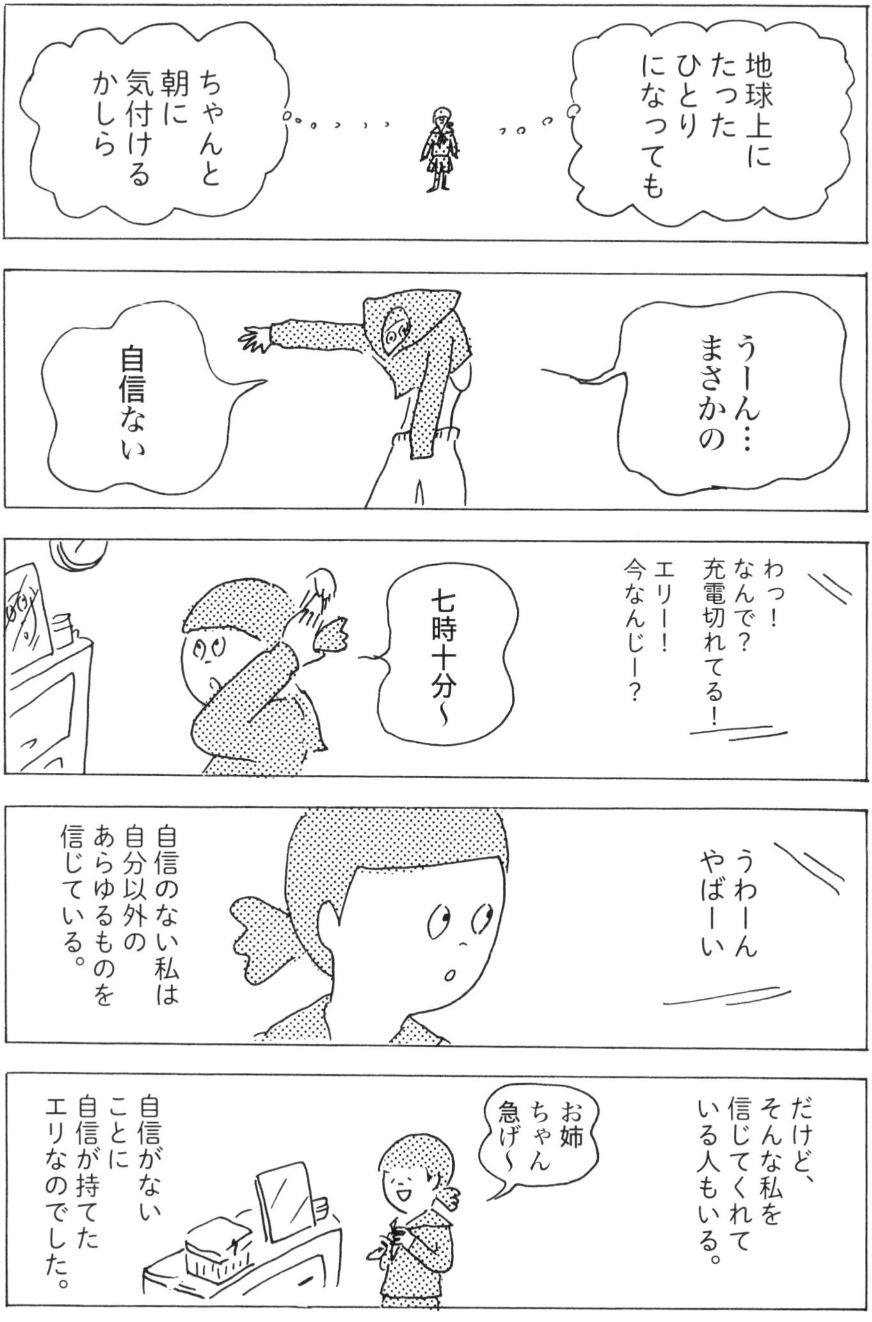
地球上にたったひとりになっても
ちゃんと朝に気付けるかしら
うーん…まさかの
自信ない
わっ！なんで？充電切れてる！エリーー！今なんじー？
七時十分〜
うわーんやばーい
自信のない私は自分以外のあらゆるものを信じている。
だけど、そんな私を信じてくれている人もいる。
お姉ちゃん急げ〜
自信がないことに自信が持てたエリなのでした。

第28話　老人とエリ

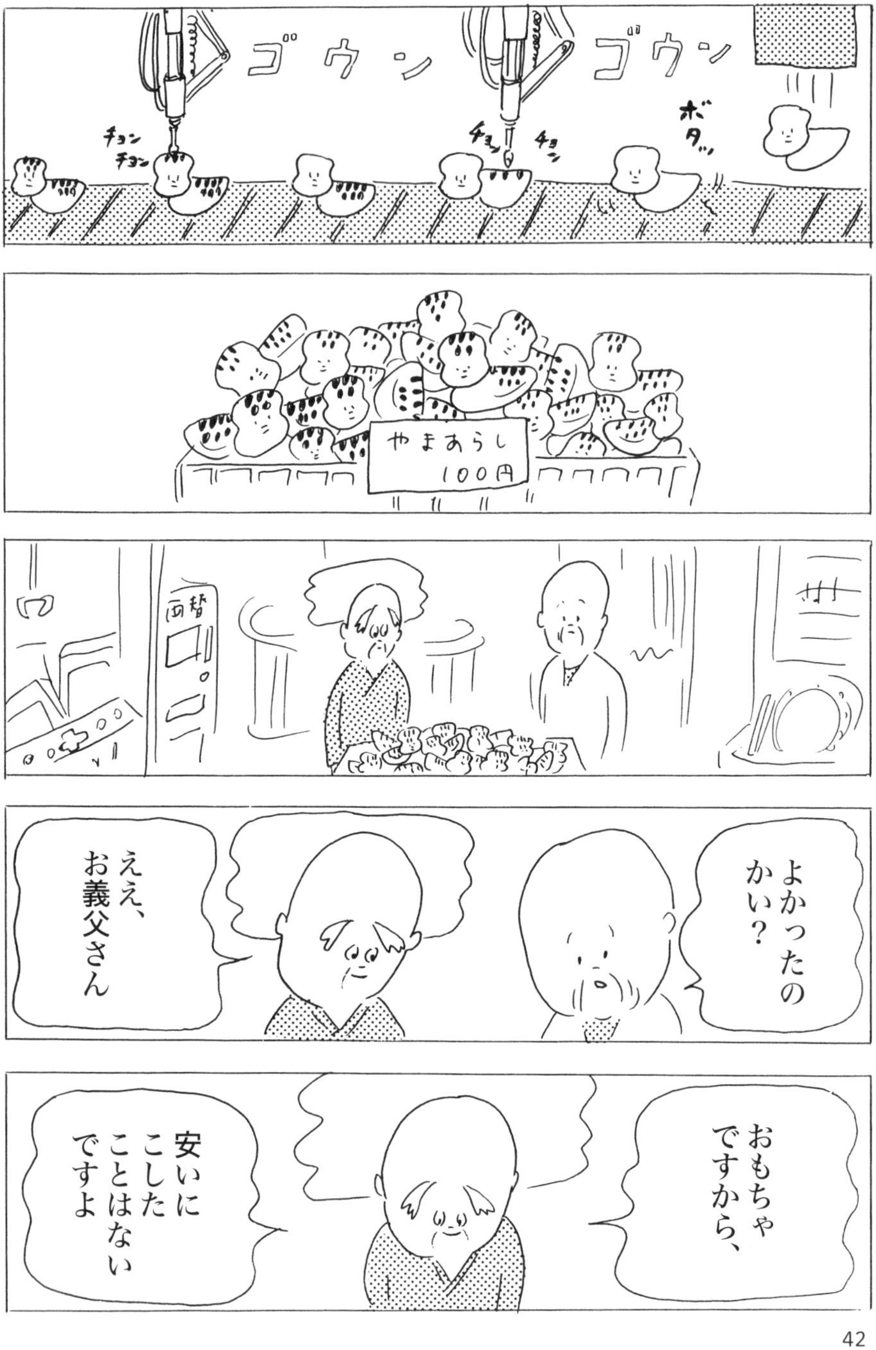
ゴウン
ゴウン
ボタッ
チョン
チョン
チョン
チョン
やまあらし
100円
両替
よかったのかい？
ええ、お義父さん
おもちゃですから、
安いにこしたことはないですよ

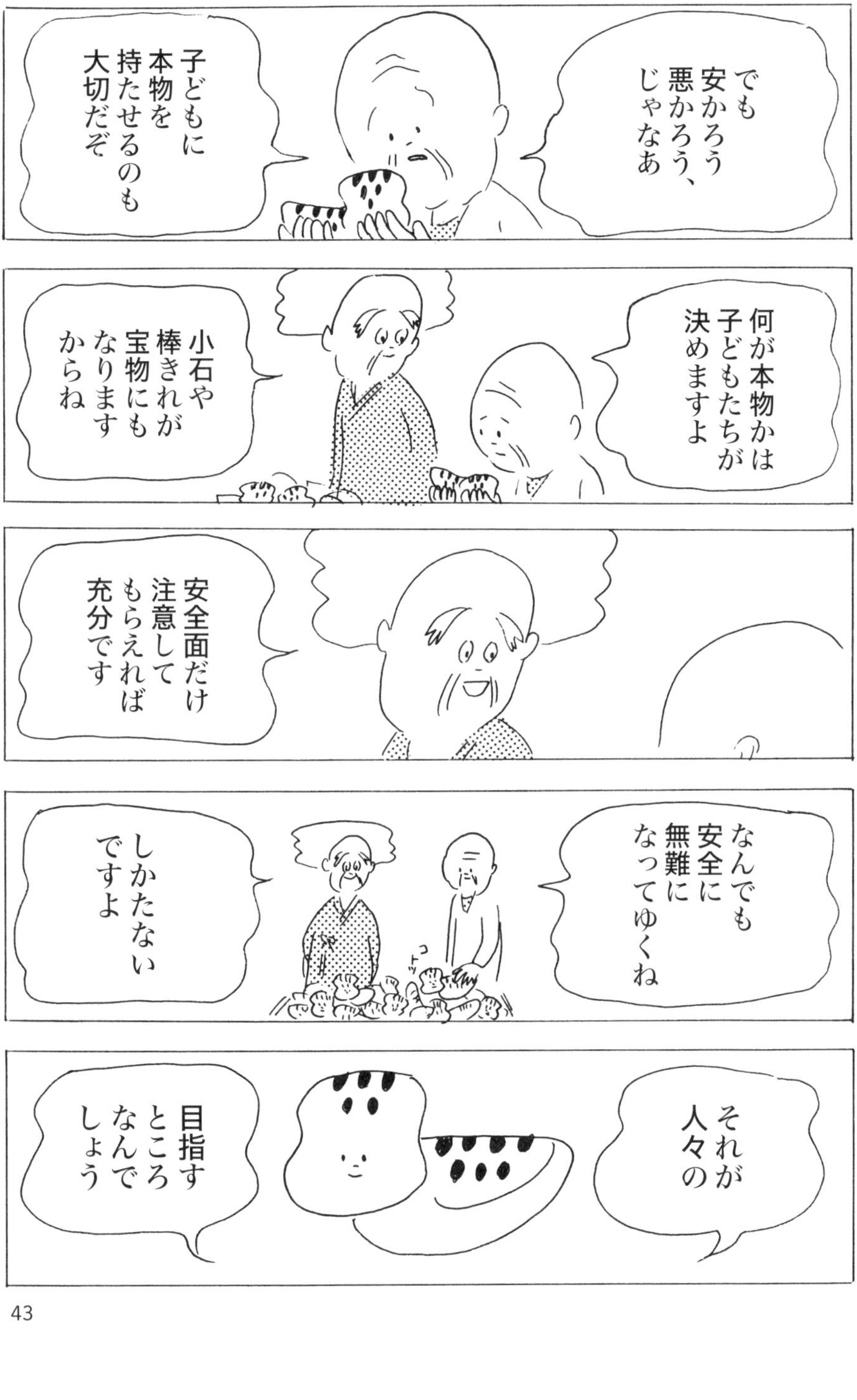
でも安かろう悪かろう、じゃなあ
子どもに本物を持たせるのも大切だぞ
何が本物かは子どもたちが決めますよ
小石や棒きれが宝物にもなりますからね
安全面だけ注意してもらえれば充分です
なんでも安全に無難になってゆくね
コトッ
しかたないですよ
それが人々の
目指すところなんでしょう

誰にでも判り易くどこでも安全でみんな同じ…いい時代だな
私たちの若い頃とは違うんですよ
おまたせー
たしかにエリも顔が小さいよなあ
ひい爺ちゃんと爺ちゃんは顔がでかいよね
もしも人類の目指すところが「当たり障りのない生き物」なのだとしたら、ずっと海に漂っていればよかったんだ
3D
わざわざ陸の上に出てきたんだもの、きっとおもしろいものを求めているんだよ。
「おもしろいもの、もっと見たい！でかい顔して長生きしてやる！」と思うひい爺ちゃんなのでした。

上映中
労働基準法
3D
The Movie
ちょっと泣いちゃったよー
ねー
私もー

第29話　エリとコタツとミカン

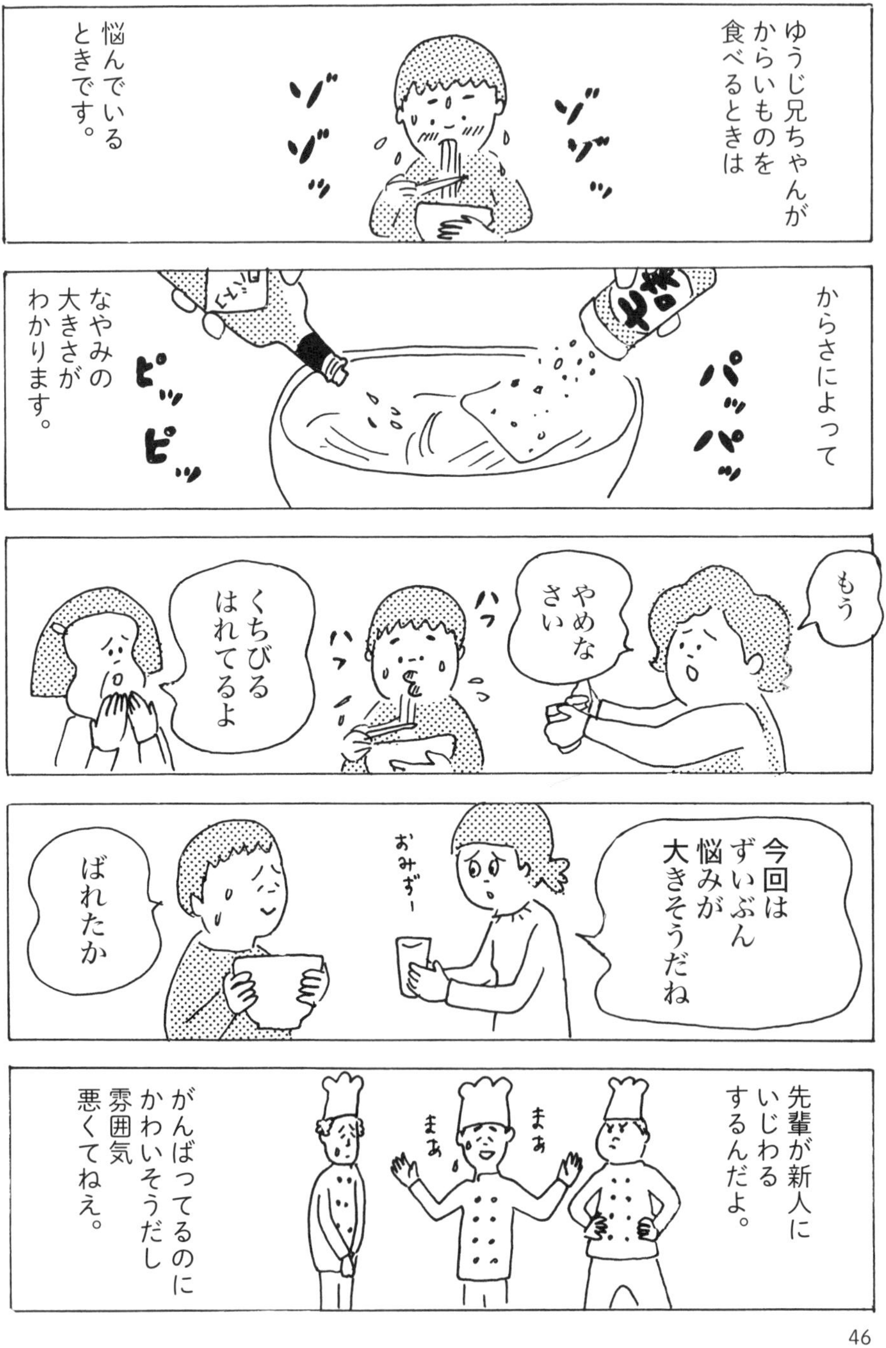

新人はさ、国立大で東洋哲学を学んでて話すとおもしろいんだ。
料理は問答無用なんです
動機もなんだかよくわからないけど悪い子じゃない。
先輩はそれが気に食わないのさ。
料理は体力勝負！
あんなヒョロヒョロどうせすぐやめる！
なんて決めつけてる。
「勉強ばかりしてきた奴は仕事できない」って考え古くない？
「勉強できなくて仕事もできない奴」もたくさんいるからな
二人で勝手にやらせときゃいいじゃない
一対一なら話はそこまで複雑にならないはずよ
そもそも料理人の目的はおいしい料理を作ることでしょ
上司に好かれる必要なんてないの

そうそう 四十年前の 私も そうだった
そりゃ好かれた 方がいいけど それは 目的じゃない
お姑さんに 嫌われたって どってこと ないのよ
しょっぱ!!
すみません…お義母さん
子を元気に 育てるのが 目的だった んだもの
あんたも どっしり かまえて
ふたりに ビシッと 言って やったら いいのよ
「どっちの 料理も すっごく おいしいです」
って
!
「誰の味方にも ならないことで、 誰かの味方に なれることも ある。
わーい
そっか…
家族も そんな感じだな」 と思う エリなのでした。

第30話　エリの工場見学

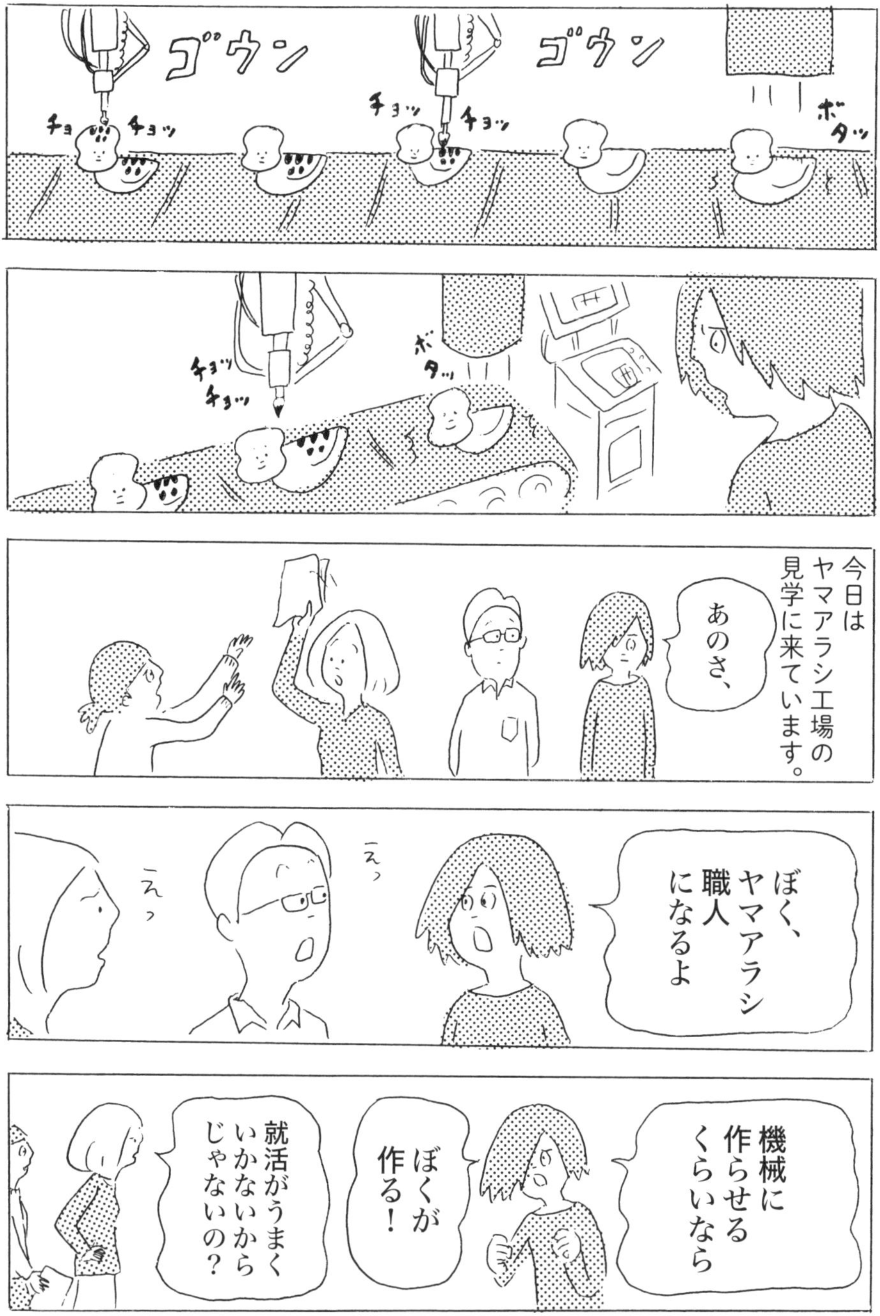

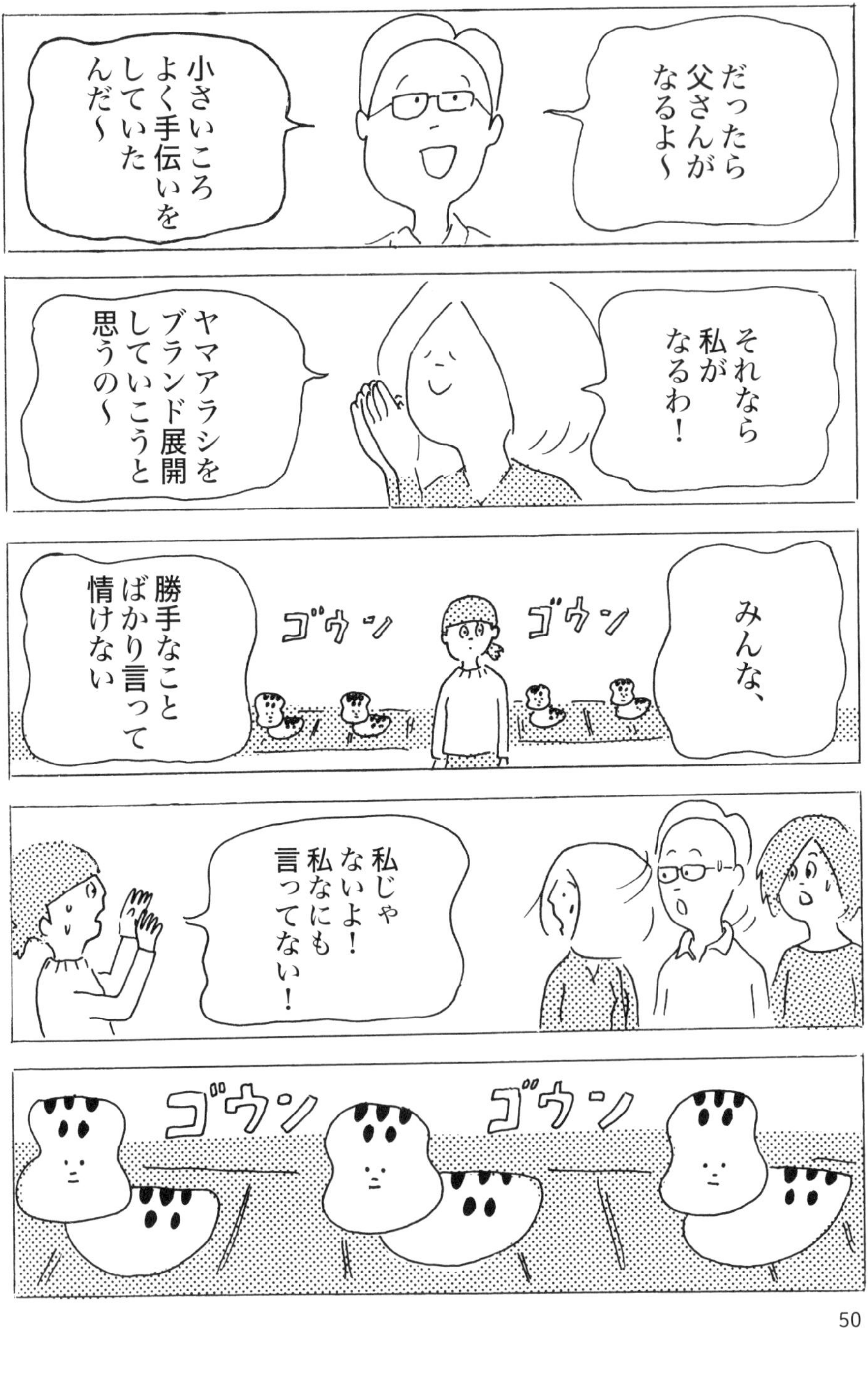
だったら父さんがなるよ〜
小さいころよく手伝いをしていたんだ〜
それなら私がなるわ！
ヤマアラシをブランド展開していこうと思うの〜
みんな、
ゴウン
ゴウン
勝手なことばかり言って情けない
私じゃないよ！私なにも言ってない！
ゴウン
ゴウン

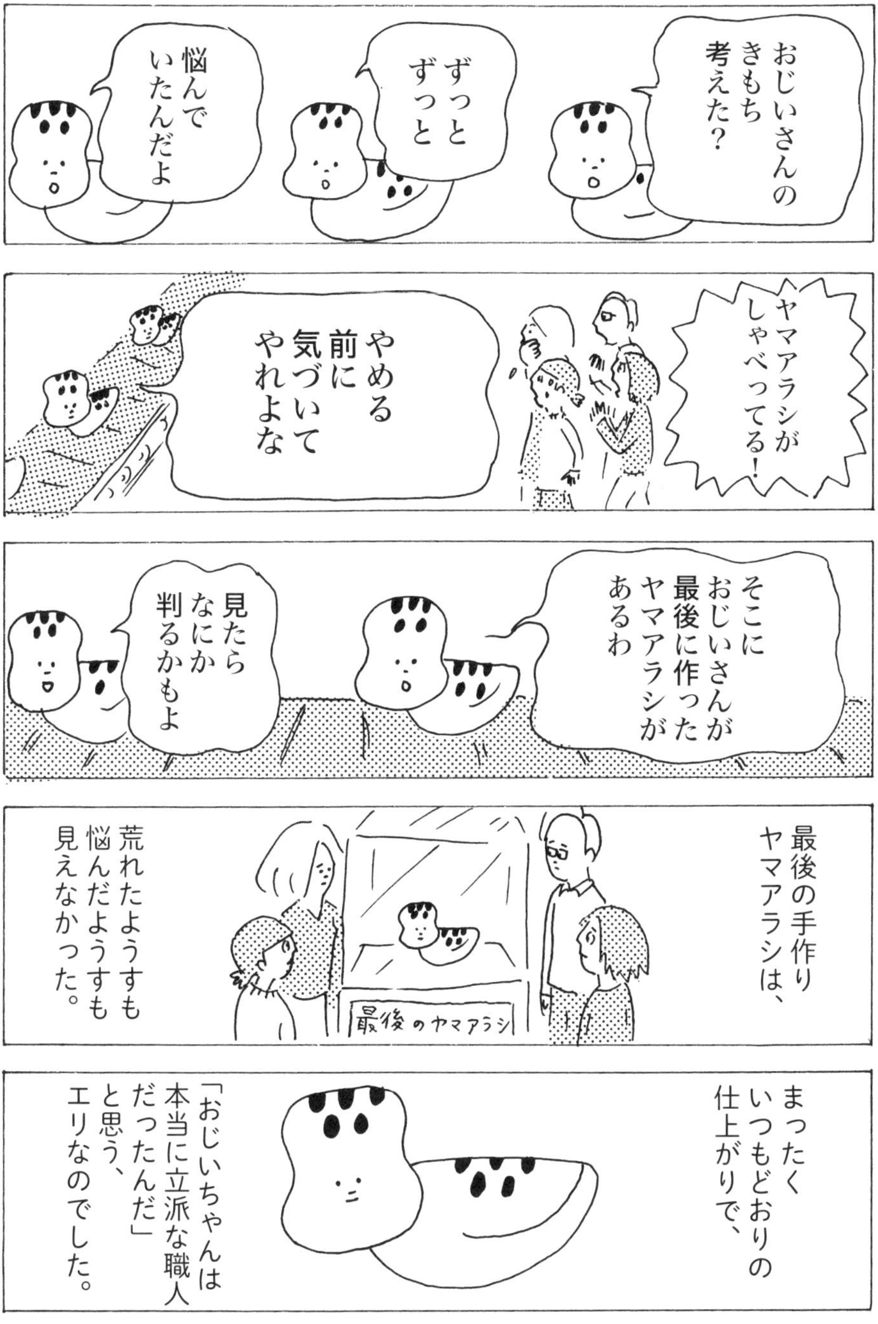
おじいさんのきもち考えた？
ずっとずっと
悩んでいたんだよ
ヤマアラシがしゃべってる！
やめる前に気づいてやれよな
そこにおじいさんが最後に作ったヤマアラシがあるわ
見たらなにか判るかもよ
最後の手作りヤマアラシは、
最後のヤマアラシ
荒れたようすも悩んだようすも見えなかった。
まったくいつもどおりの仕上がりで、
「おじいちゃんは本当に立派な職人だったんだ」と思う、エリなのでした。

第31話　エリの不安

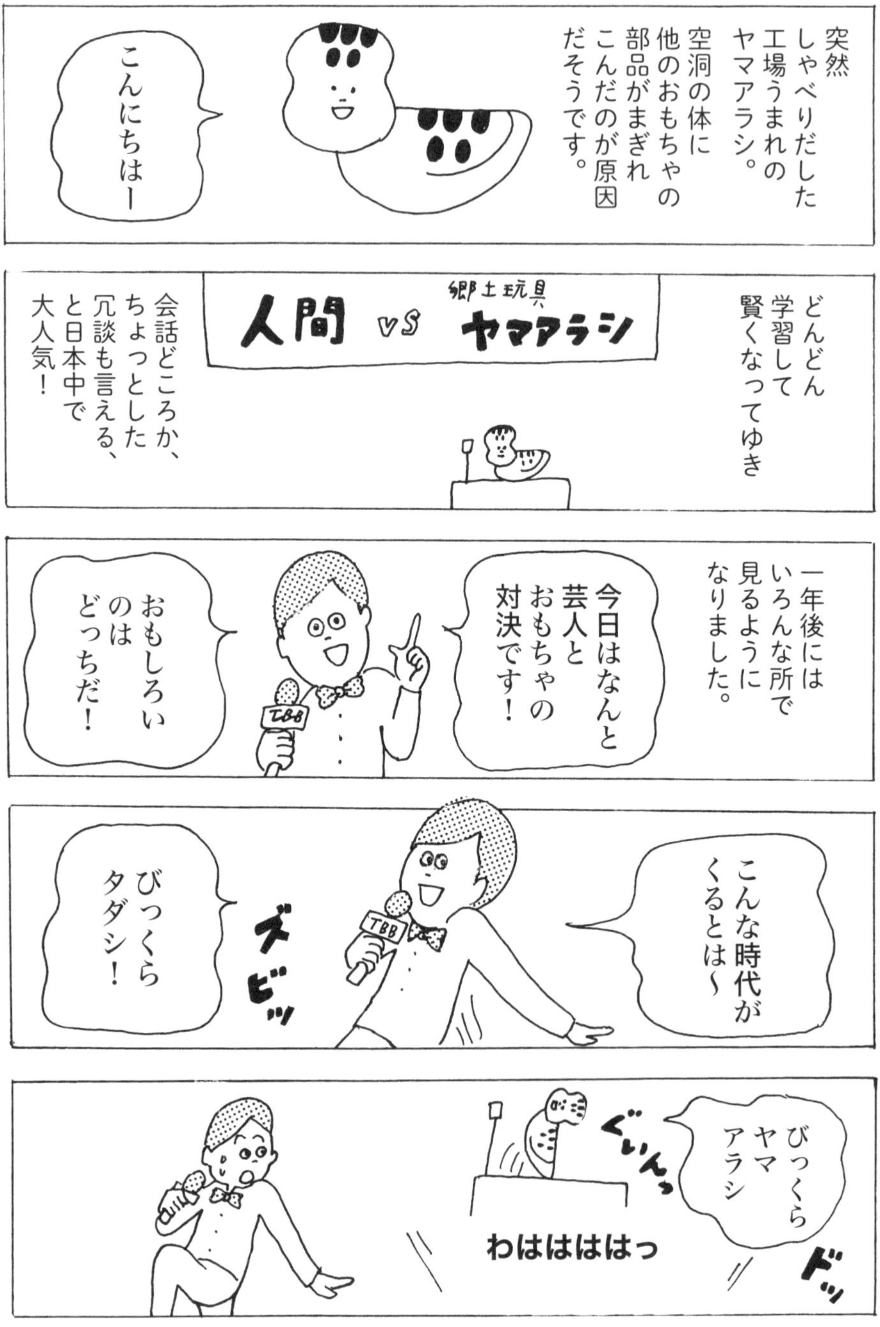
突然
しゃべりだした
工場うまれの
ヤマアラシ。
空洞の体に
他のおもちゃの
部品がまぎれ
こんだのが原因
だそうです。
こんにちはー
どんどん
学習して
賢くなってゆき
郷土玩具
人間 vs ヤマアラシ
会話どころか、
ちょっとした
冗談も言える、
と日本中で
大人気！
一年後には
いろんな所で
見るように
なりました。
今日はなんと
芸人と
おもちゃの
対決です！
おもしろい
のは
どっちだ！
TBB
こんな時代が
くるとは〜
TBB
ズビッ
びっくら
タダシ！
びっくら
ヤマ
アラシ
ドッ
ぐいんっ
わはははは っ

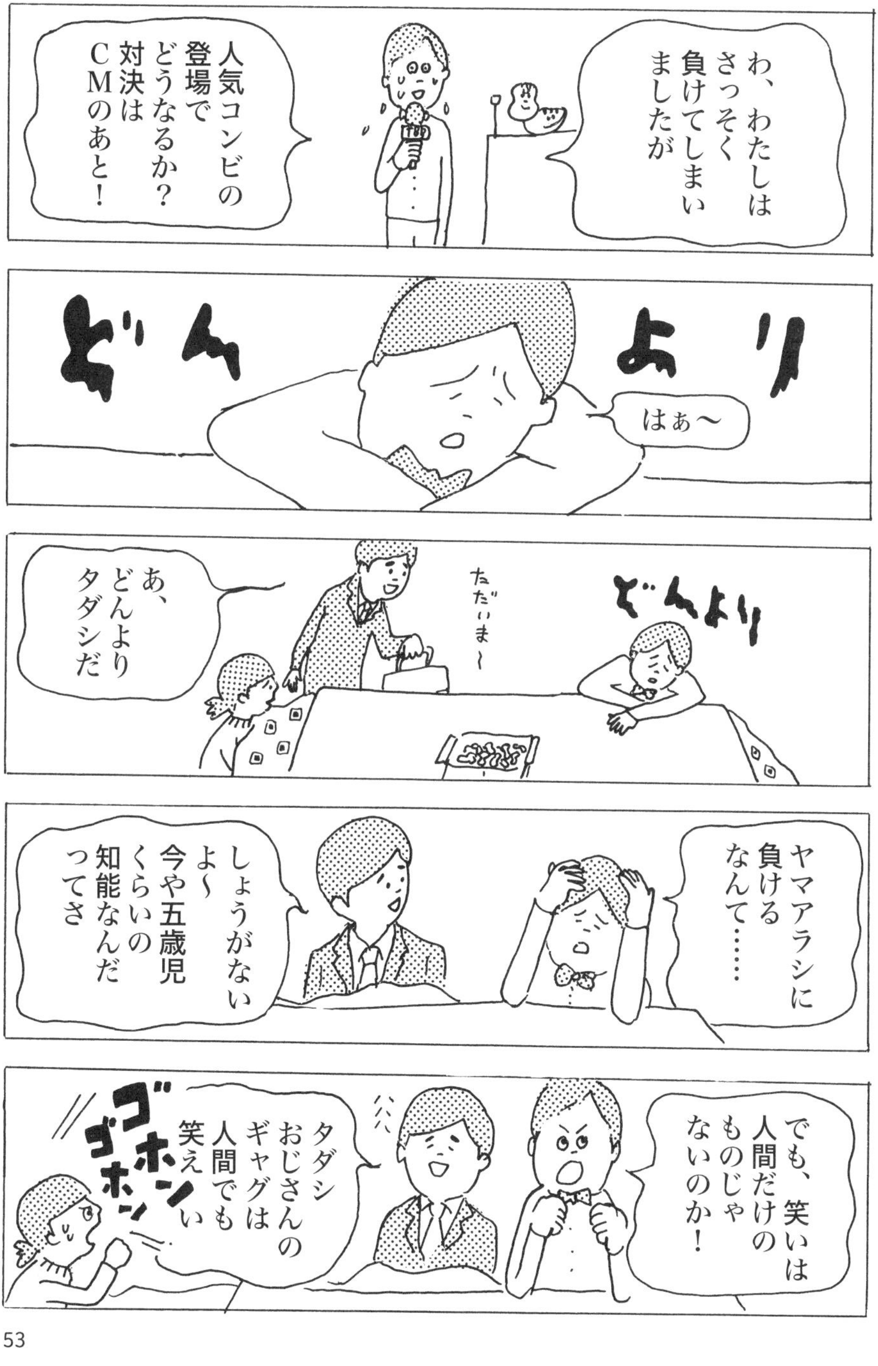
わ、わたしはさっそく負けてしまいましたが
人気コンビの登場でどうなるか？対決はCMのあと！
どんより
はぁ〜
どんより
ただいま〜
あ、どんよりタダシだ
ヤマアラシに負けるなんて……
しょうがないよ〜今や五歳児くらいの知能なんだってさ
でも、笑いは人間だけのものじゃないのか！
タダシおじさんのギャグは人間でも笑え い
ゴホンゴホン

ゆうぞうくんはいいなあSEは安泰なんだろ?
まさか〜すでに海外にもってかれてますよ
どこも同じなのね〜
ロボットや海外に奪われるんすよ
ねえねえさっきから
「もってかれる」とか「奪われる」とか言ってるけど、
自分から仕事を「あげた」んじゃないの?
なるべくお金をかけずに大量生産できるように
一度あげたものを「返して」と言うのはむずかしい、
もう返してもらえないかもね
と思うエリなのでした。

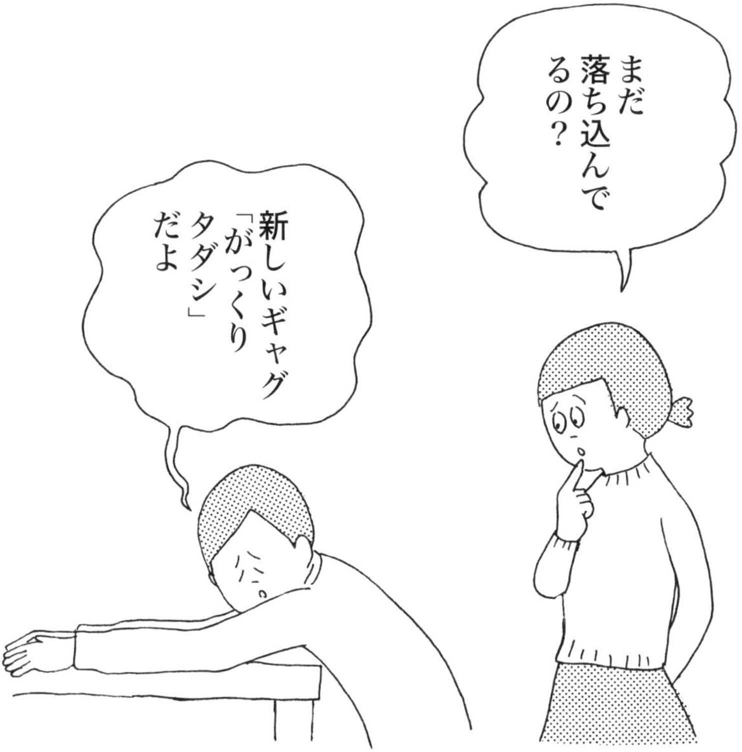
まだ落ち込んでるの？
新しいギャグ「がっくりタダシ」だよ

第32話　エリとエリ

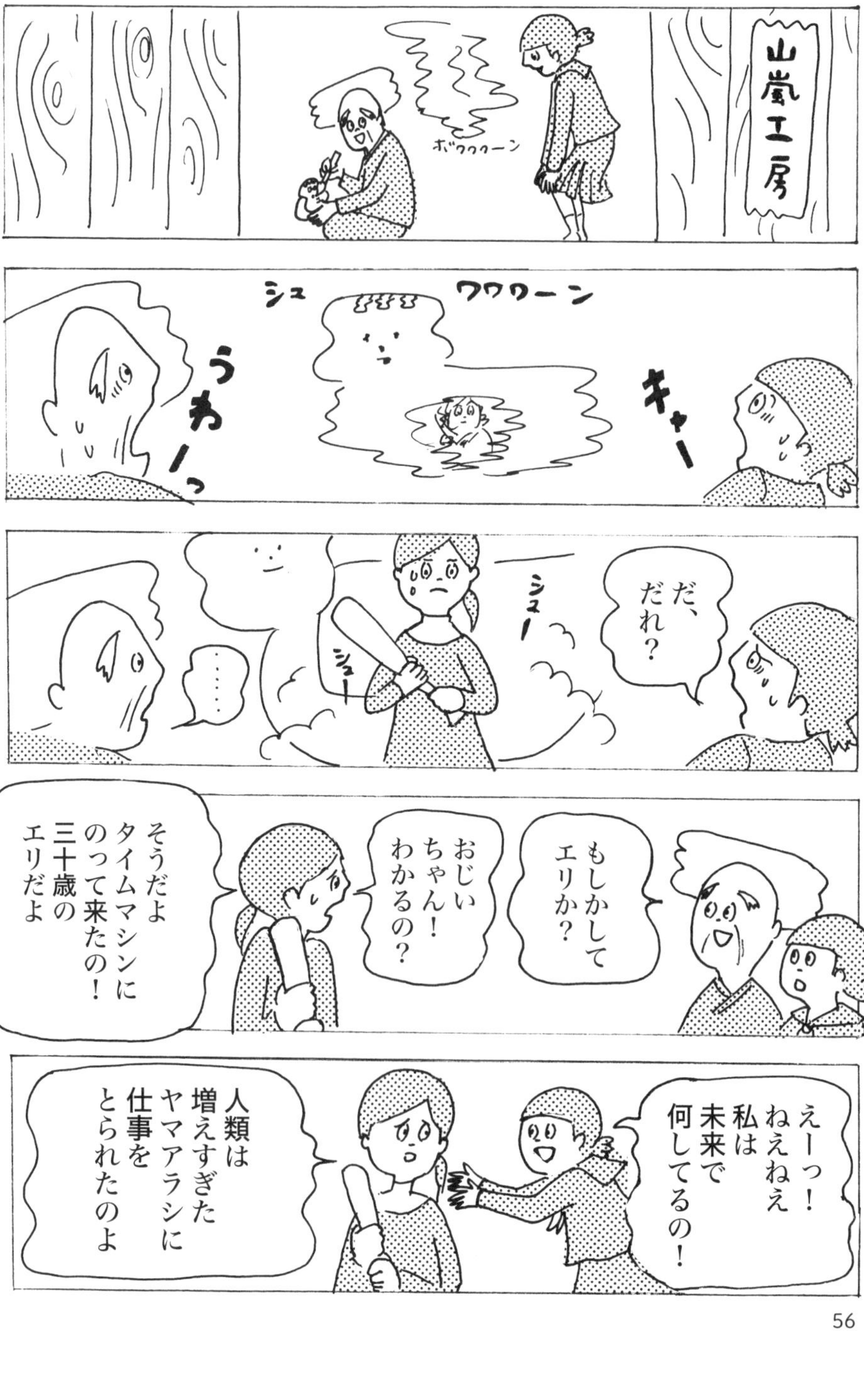

山嵐工房
ボワワワーン
キャー
シュ
ワワワーン
うわーっ
だ、だれ？
シュー
シュー
……
もしかしてエリか？
おじいちゃん！わかるの？
そうだよ タイムマシンにのって来たの！三十歳のエリだよ
えーっ！ねえねえ私は未来で何してるの！
人類は増えすぎたヤマアラシに仕事をとられたのよ

無気力になって
引きこもる人、
やり場のない
怒りから
暴徒と化す人
わーっ
わーっ
ボッ
でも
町はすぐに
きれいになるの
サッ
サッ
ヤマアラシは
はたらきもの
だからね
食べ物も
衣服も
ダダダ
娯楽も
文句言わずに
せっせと
作っているわ
へんだよ
そんなの
へんでしょ
こんなの
だから、
私は
ヤマアラシを
こわしに
来たの！
そもそも
ヤマアラシが
いなければ
こんな未来には
ならなかった！

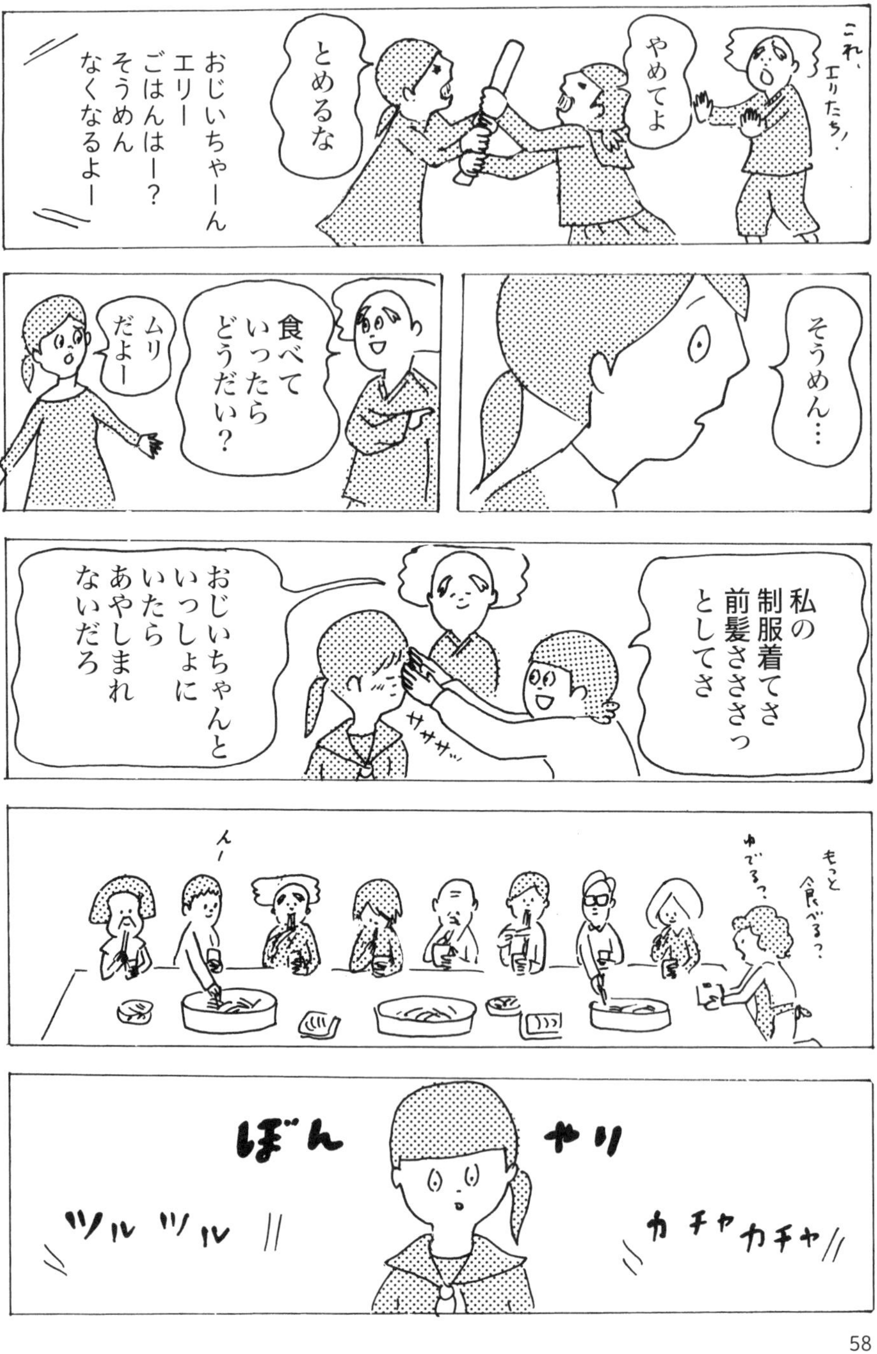
これ、エリたち！
やめてよ
とめるな
おじいちゃーん エリー ごはんはー？ そうめん なくなるよー
そうめん…
食べて いったら どうだい？
ムリ だよー
私の 制服着てさ 前髪さささっ としてさ
サササ…
おじいちゃんと いっしょに いたら あやしまれ ないだろ
もっと 食べるっ？
ゆでるっ？
ん！
ぼんやり
ツルツル
カチャカチャ

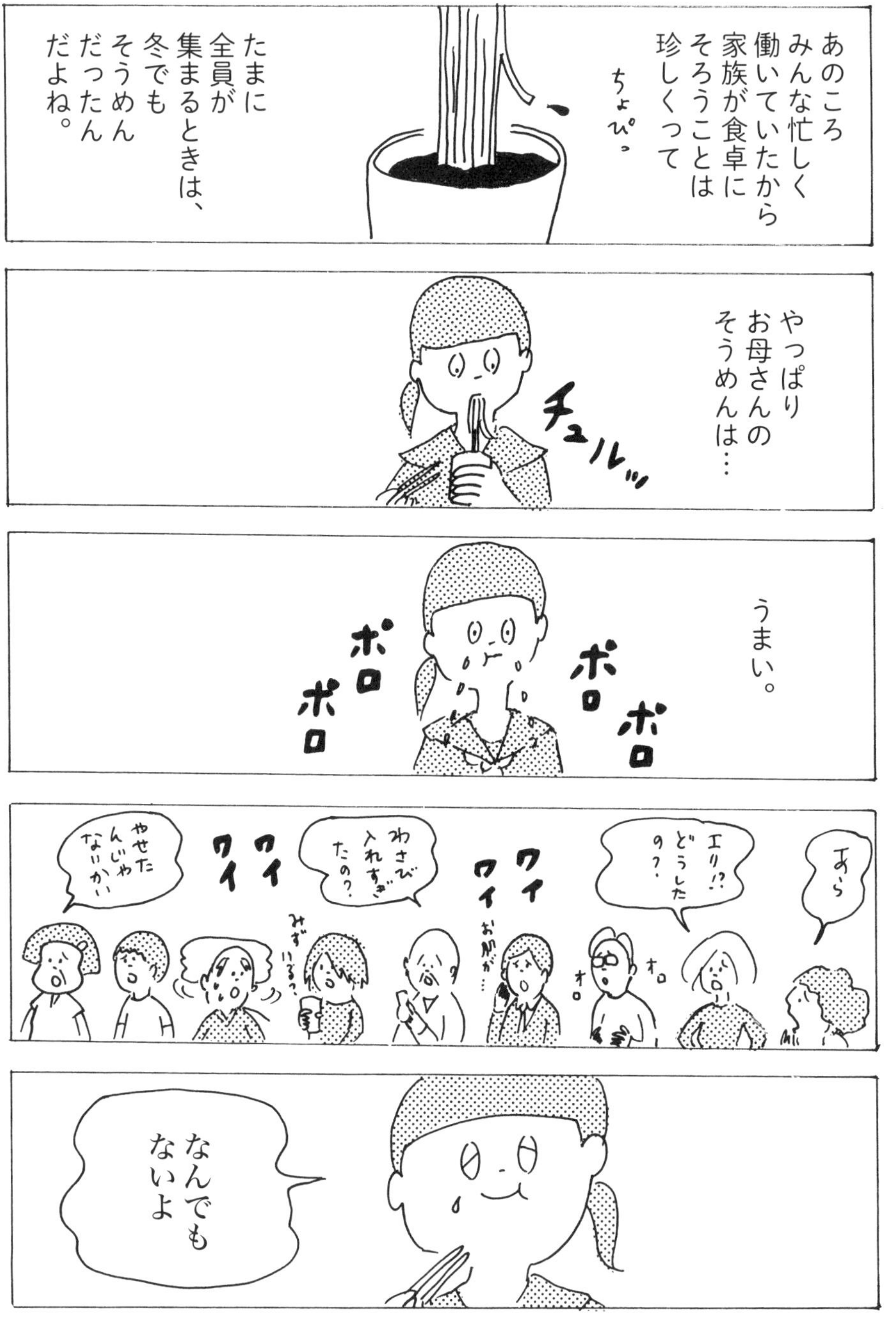
あのころ
みんな忙しく
働いていたから
家族がそろうことは食卓に
珍しくって
ちょぴっ
たまに
全員が
集まるときは、
冬でも
そうめん
だったんだよね。
やっぱり
お母さんの
そうめんは…
チュルッ
うまい。
ポロ
ポロ
ポロ
ポロ
あら
エリ!? どうしたの?
オロ
オロ
ワイ
ワイ
お肌が…
みず
いる?
わさび
入れすぎたの?
ワイ
ワイ
やせたんじゃないかい
なんでもないよ

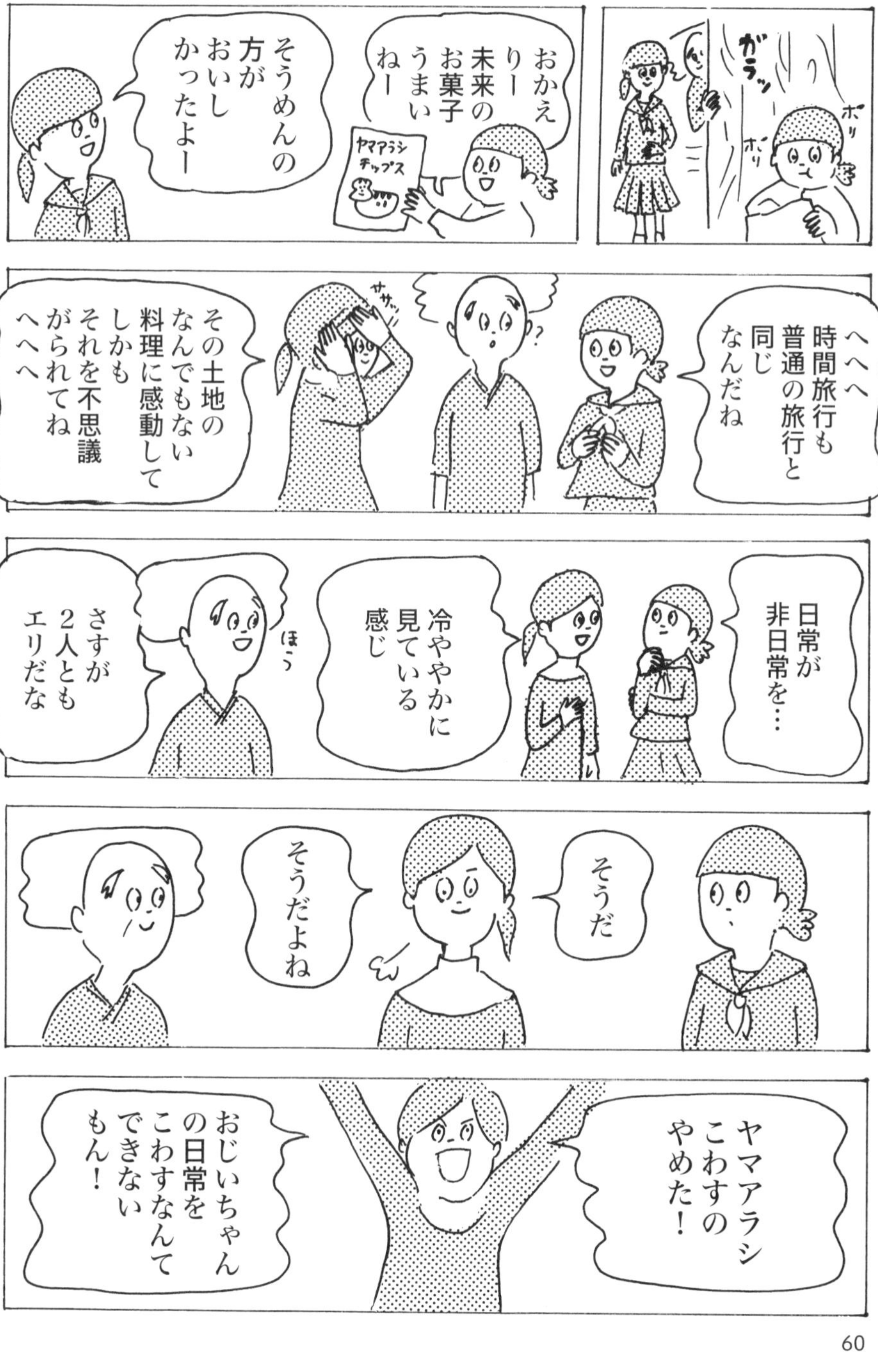

ガラッ
ボリ
ボリ
おかえりー 未来のお菓子うまいねー
ヤマアラシチップス
そうめんの方がおいしかったよー
へへへ 時間旅行も普通の旅行と同じなんだね
?
ササッ
その土地のなんでもない料理に感動してしかもそれを不思議がられてね へへへ
日常が非日常を…
冷ややかに見ている感じ
ほう
さすが2人ともエリだな
そうだ
そうだよね
ヤマアラシこわすのやめた!
おじいちゃんの日常をこわすなんてできないもん!

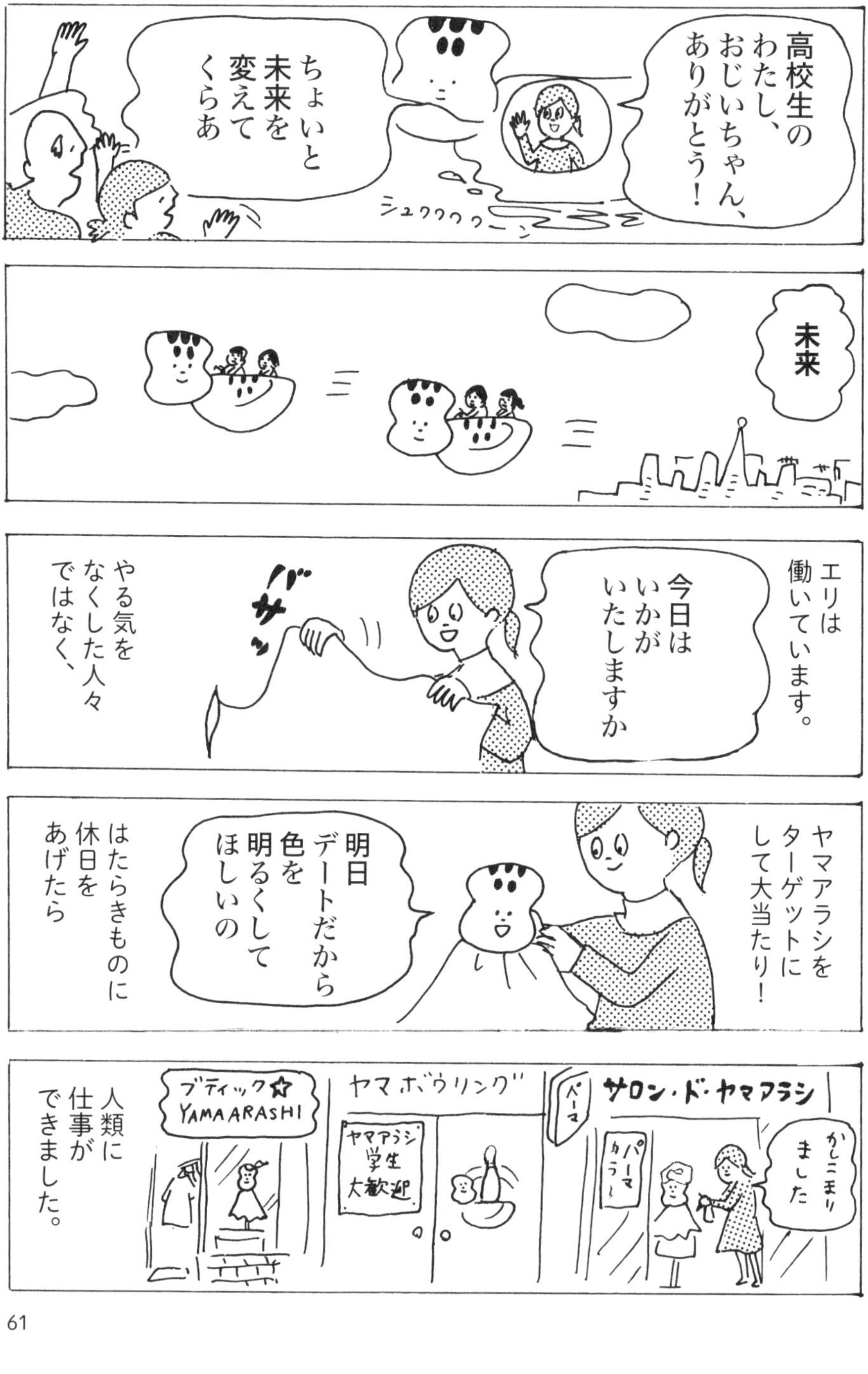
高校生のわたし、おじいちゃん、ありがとう!
ちょいと未来を変えてくらあ
シュククウウ〜ン
未来
エリは働いています。
今日はいかがいたしますか
バサッ
やる気をなくした人々ではなく、
ヤマアラシをターゲットにして大当たり!
明日デートだから色を明るくしてほしいの
はたらきものに休日をあげたら
サロン・ド・ヤマアラシ
パーマ
パーマカラー
かしこまりました
ヤマボウリング
ヤマアラシ学生大歓迎
ブティック☆YAMAARASHI
人類に仕事ができました。

カランコロン
いらっしゃいませー
シャンプーおわりました～
おつかれさまでーす
うしろこうなっております
いいわね
店長！おねがいしまーす
はいっ
ずっと「はたらくってなんだろう」と考え続けてきたけれど、
今日はおしごとおやすみですか～
ええ
仕事を始めたらそんな時間はありません。
「あのころにたくさん考えておいてよかった」
おいしーい
並んだのよー
ただいまー
と思うエリなのでした。

いつもきれいにしてもらってます

育<small>はぐく</small>む茶<small>ちゃ</small>室<small>しつ</small>

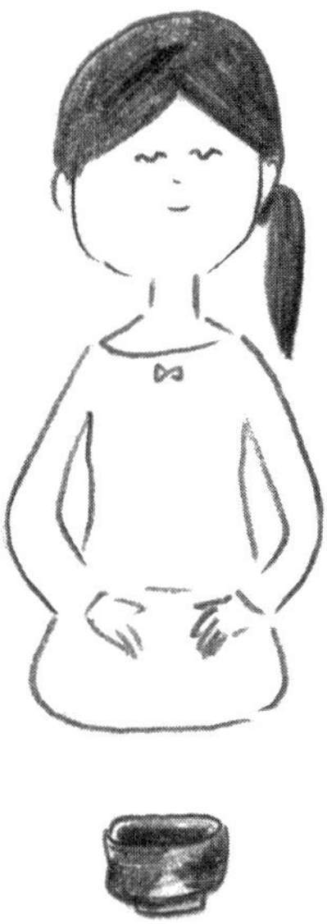

三月
(1か月)
ぼくは
犬小屋ではない。
あっちいけ
ぼくは
茶室だ

母が十二才のときに建てた。
ギコ ギコ
しかし皆は犬小屋と疑わず、
シロは堂々とくつろぐ。
だら だら
ムッ
へらへら
なので、母は犬が嫌いで
ムッ
ゴロ ゴロ
犬も母が嫌いだった。
チラッ
出てけ
キライ
キライ
出てけ
キライ
キライ
…
ワン ワン
ワンワン ワン

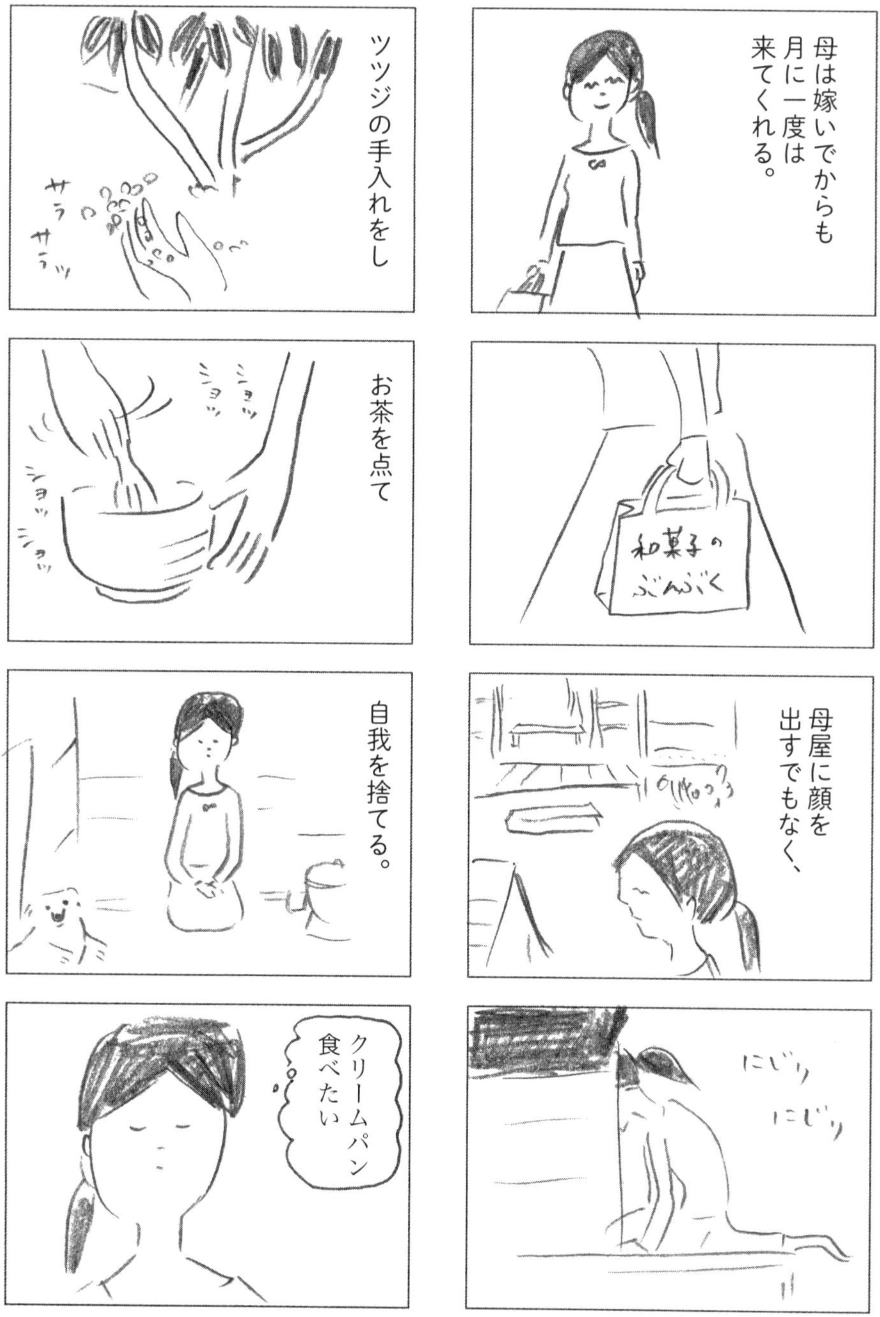
母は嫁いでからも
月に一度は
来てくれる。
和菓子の
ぶんぶく
母屋に顔を
出すでもなく、
にじッ
にじッ
ツツジの手入れをし
サラ
サラッ
お茶を点て
ショッ
ショッ
ショッ
ショッ
自我を捨てる。
クリームパン
食べたい

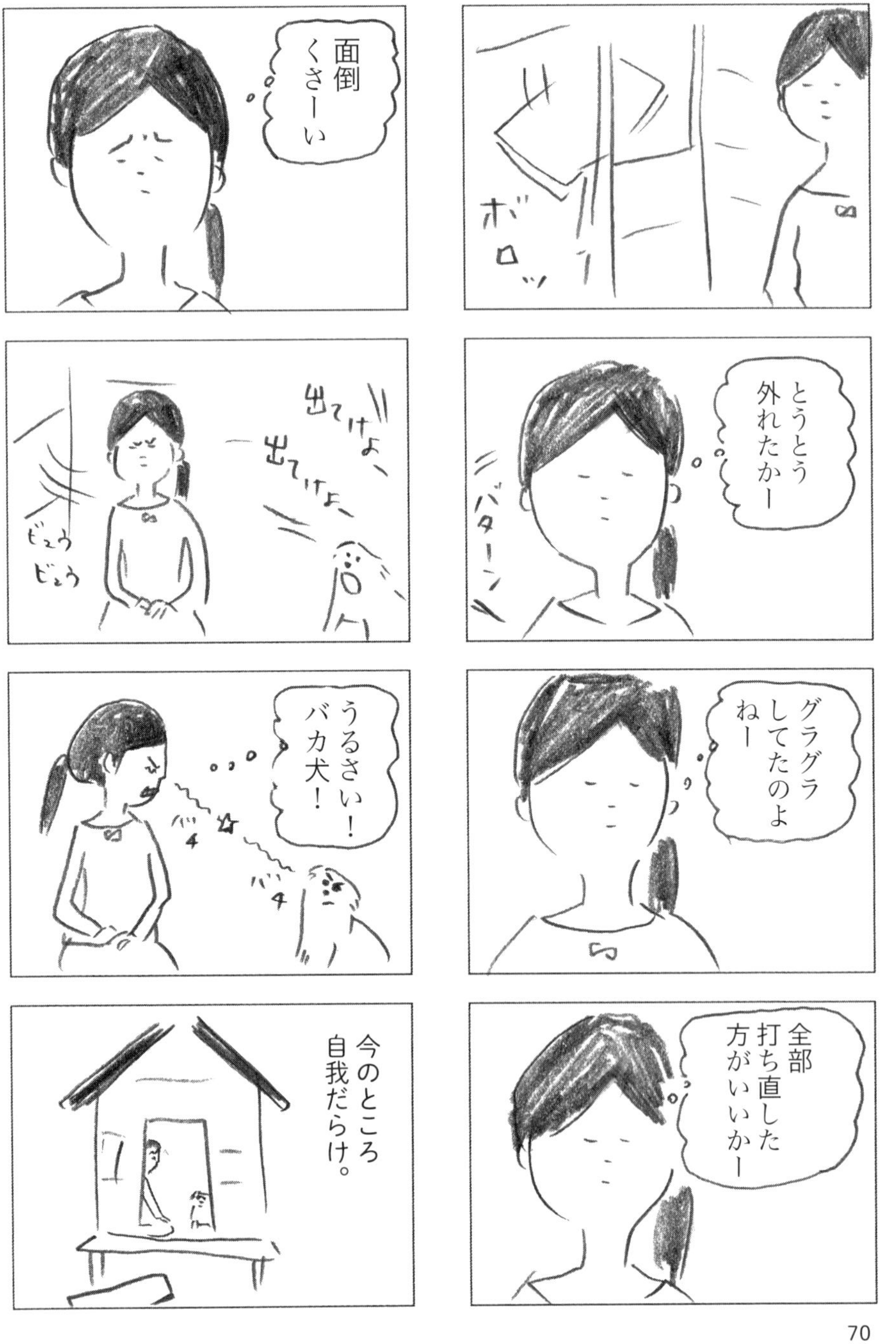
ボロッ
バターン
とうとう外れたかー
グラグラしてたのよねー
全部打ち直した方がいいかー
面倒くさーい
びゅうびゅう
出てけよ、
出てけよ、
うるさい！バカ犬！
今のところ自我だらけ。

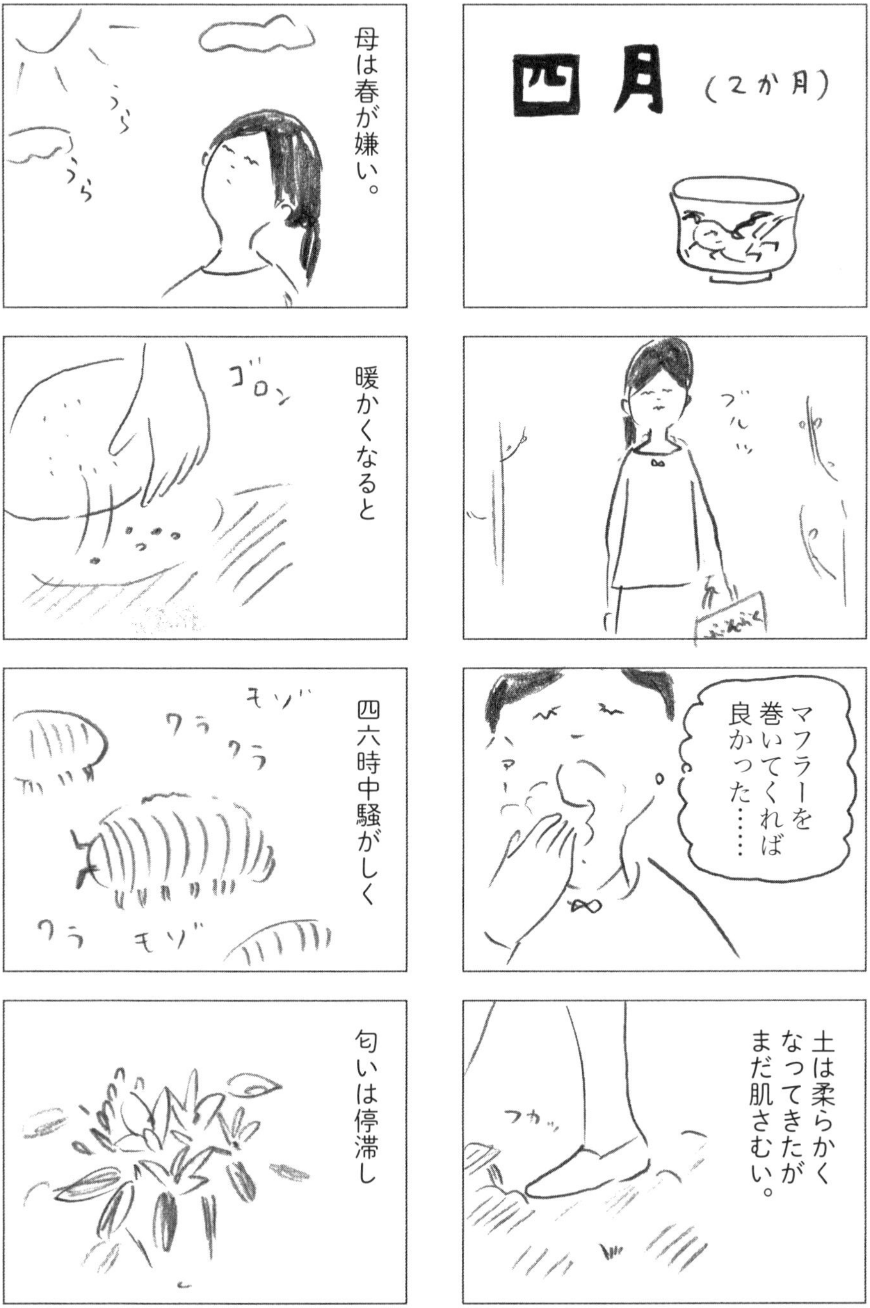

四月
（2か月）
ブルッ
マフラーを巻いてくれれば良かった……
ハァー
土は柔らかくなってきたがまだ肌さむい。
フカッ
母は春が嫌い。
うら
うら
暖かくなると
ゴロン
四六時中騒がしく
モゾ
ワラ
ワラ
ワラ
モゾ
匂いは停滞し

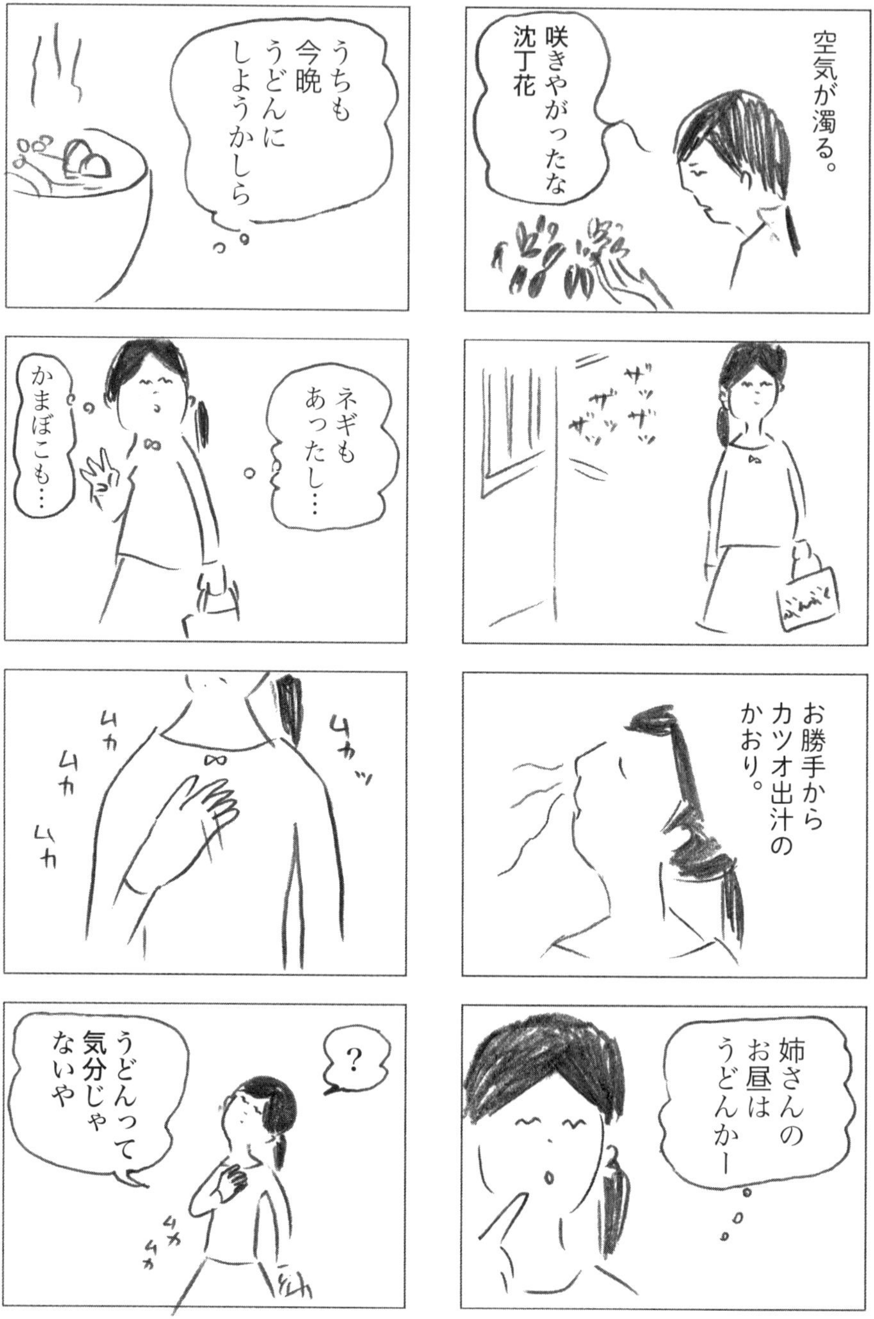
空気が濁る。
咲きやがったな沈丁花
ザッ ザッ ザッ ザッ
お勝手からカツオ出汁のかおり。
姉さんのお昼はうどんかー
うちも今晩うどんにしようかしら
ネギもあったし…
かまぼこも…
ムカ ムカ ムカ ムカッ
？
うどんって気分じゃないや
ムカ ムカ

にじり
えー
スリ
スリ
スリ
ええーっ
スリ
スリスリスリ
あら
吠えない
おそる
おそる
トトトッ
わしゃ
しゃ
しゃ
しゃしゃしゃ

お前
されるがまま
じゃねえか!!
シャシャ
スヤスヤ
変なの
フワァー
うどんがつらい。
私も
ちょっと
犬が優しい。
抗えない眠気。
母はもしかして……。

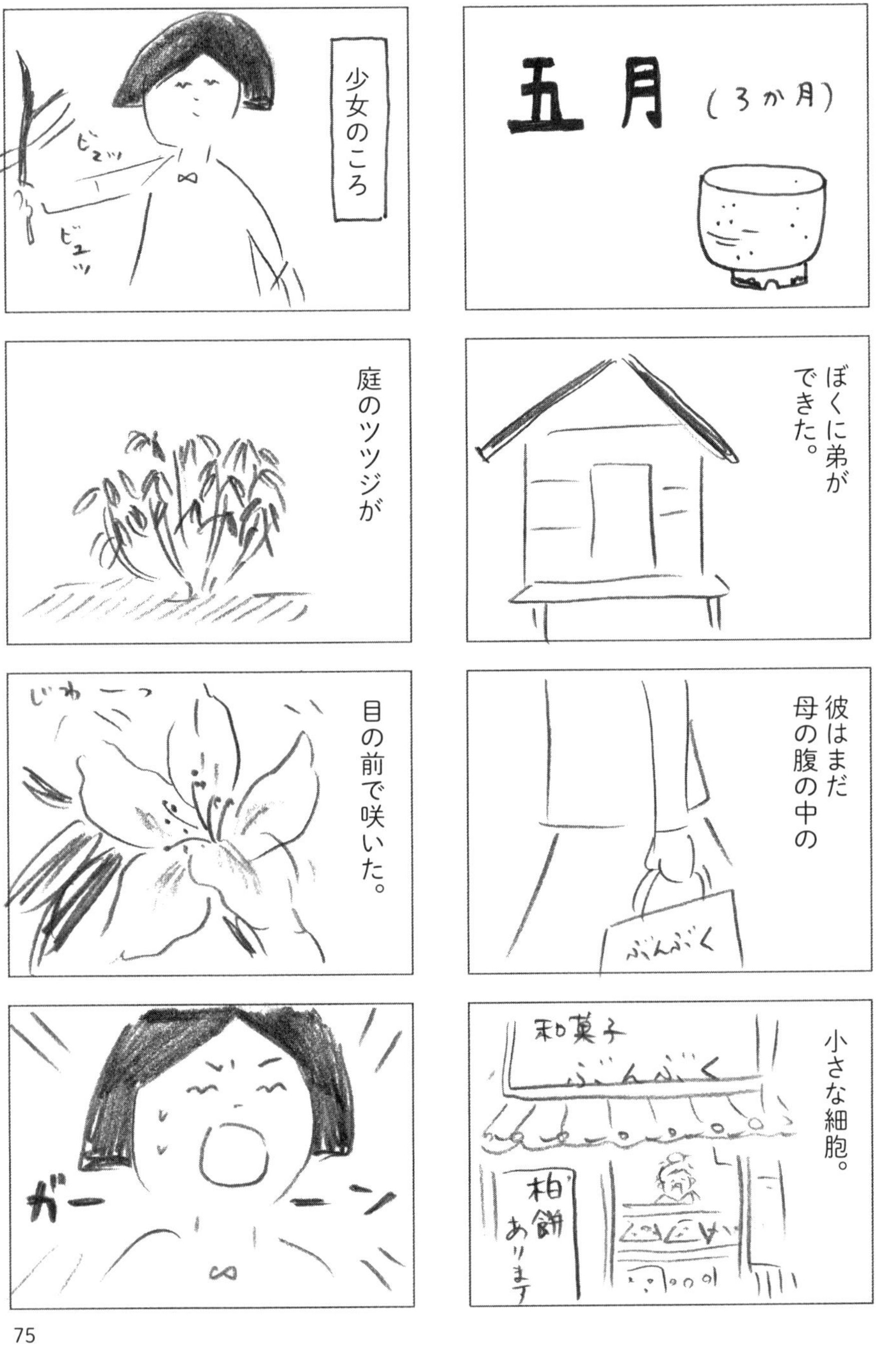

五月
(3か月)
ぼくに弟が
できた。
彼はまだ
母の腹の中の
ぶんぶく
小さな細胞。
和菓子
ぶんぶく
柏餅
あります
少女のころ
ビュッ
ビュッ
庭のツツジが
目の前で咲いた。
じわーっ
ガーーーン

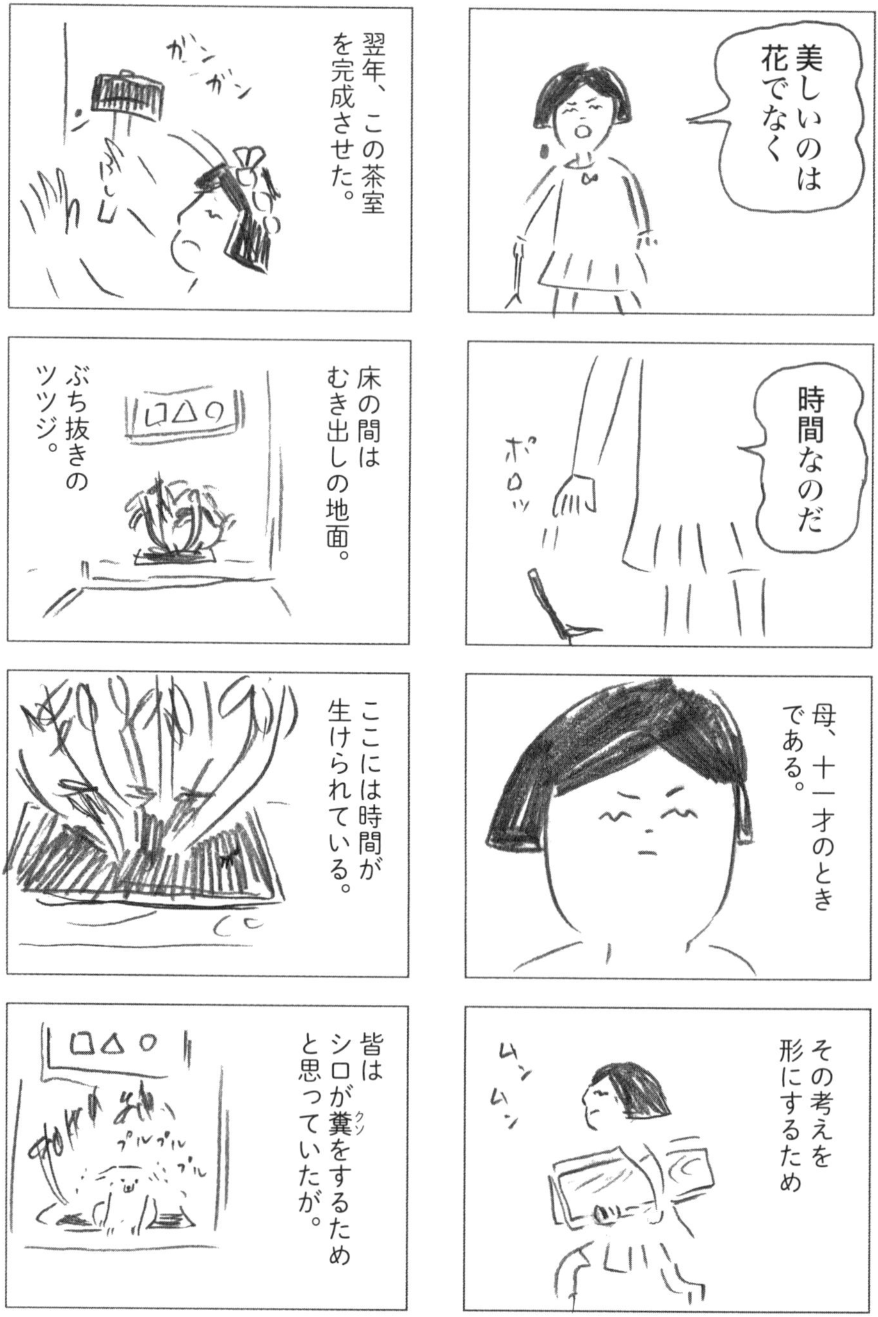
美しいのは花でなく
時間なのだ
ポロッ
母、十一才のときである。
その考えを形にするため
ムンムン
翌年、この茶室を完成させた。
ガンガン
床の間はむき出しの地面。
ぶち抜きのツツジ。
ここには時間が生けられている。
皆はシロが糞《クソ》をするためと思っていたが。
プルプルプル

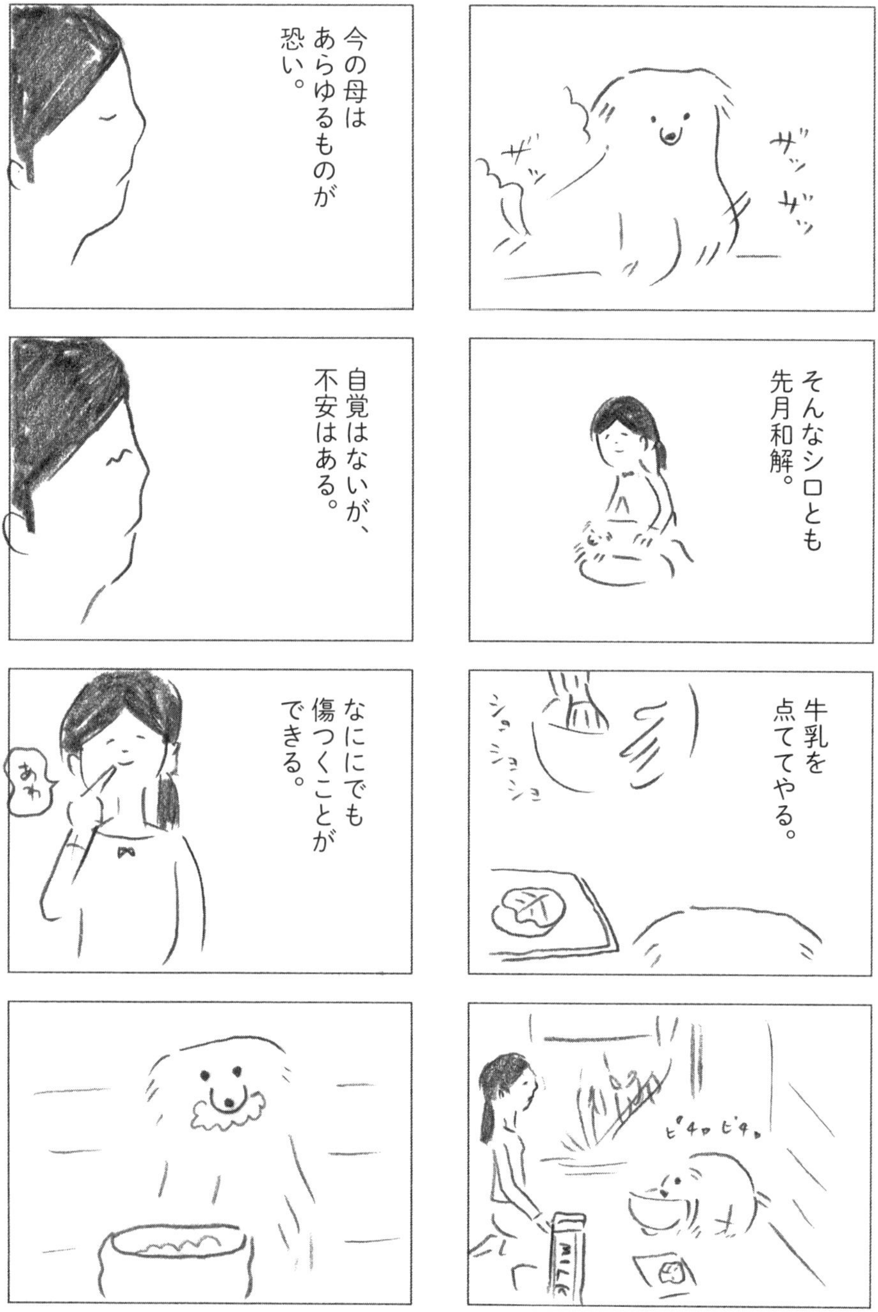
ザッ
ザッ
ザッ
そんなシロとも
先月和解。
牛乳を
点ててやる。
ショショショショ
ピチャピチャ
MILK
今の母は
あらゆるものが
恐い。
自覚はないが、
不安はある。
なににでも
傷つくことが
できる。
あわ

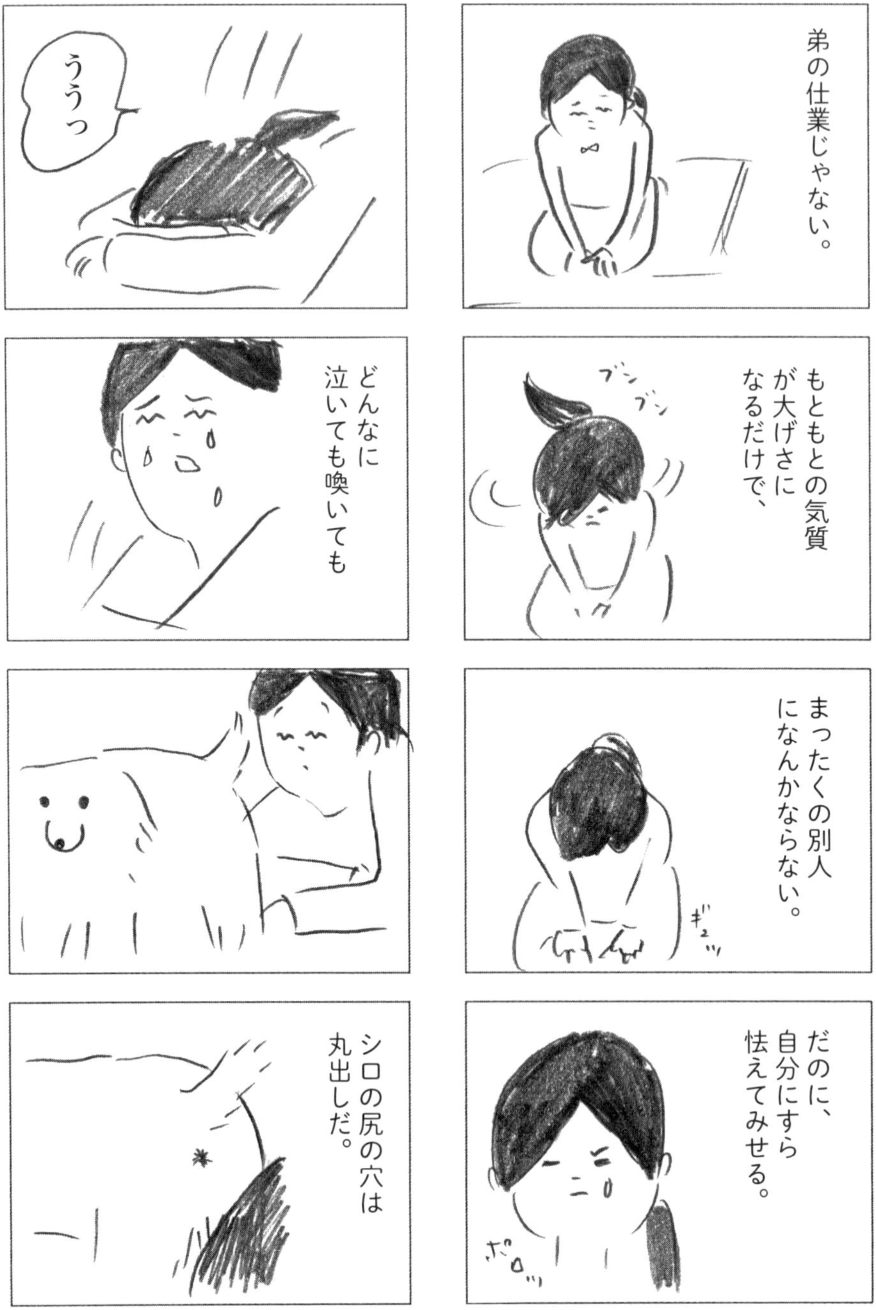
弟の仕業じゃない。
ううっ
もともとの気質
が大げさに
なるだけで、
ブンブン
どんなに
泣いても喚いても
まったくの別人
になんかならない。
ギュッ
だのに、
自分にすら
怯えてみせる。
シロの尻の穴は
丸出しだ。

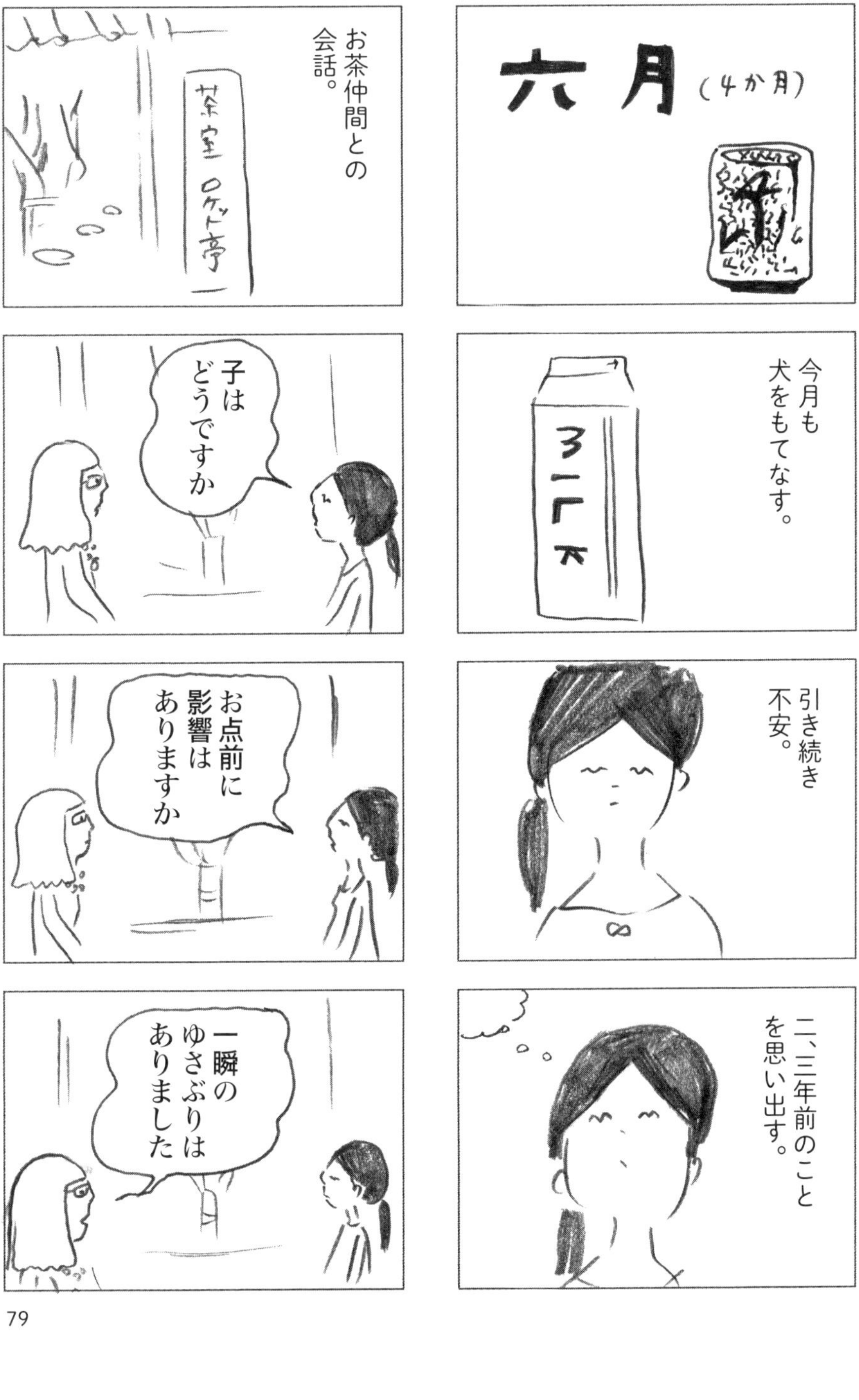
六月
(4か月)
今月も
犬をもてなす。
引き続き
不安。
二、三年前のこと
を思い出す。
お茶仲間との
会話。
茶室 ロケット亭
子は
どうですか
お点前に
影響は
ありますか
一瞬の
ゆさぶりは
ありました

でも
すぐに
戻ります
それなら
よかった
よかった
よかった
その言葉だけを
頼りにしてきた
けれど、
一瞬…
一瞬…
一瞬なんて
うそだー
なにせ、
万が一…
仮定の話で
本物の涙が
出るのだ。
ボロボロボロ
感受性の
ムダ使い。
医院
フウ

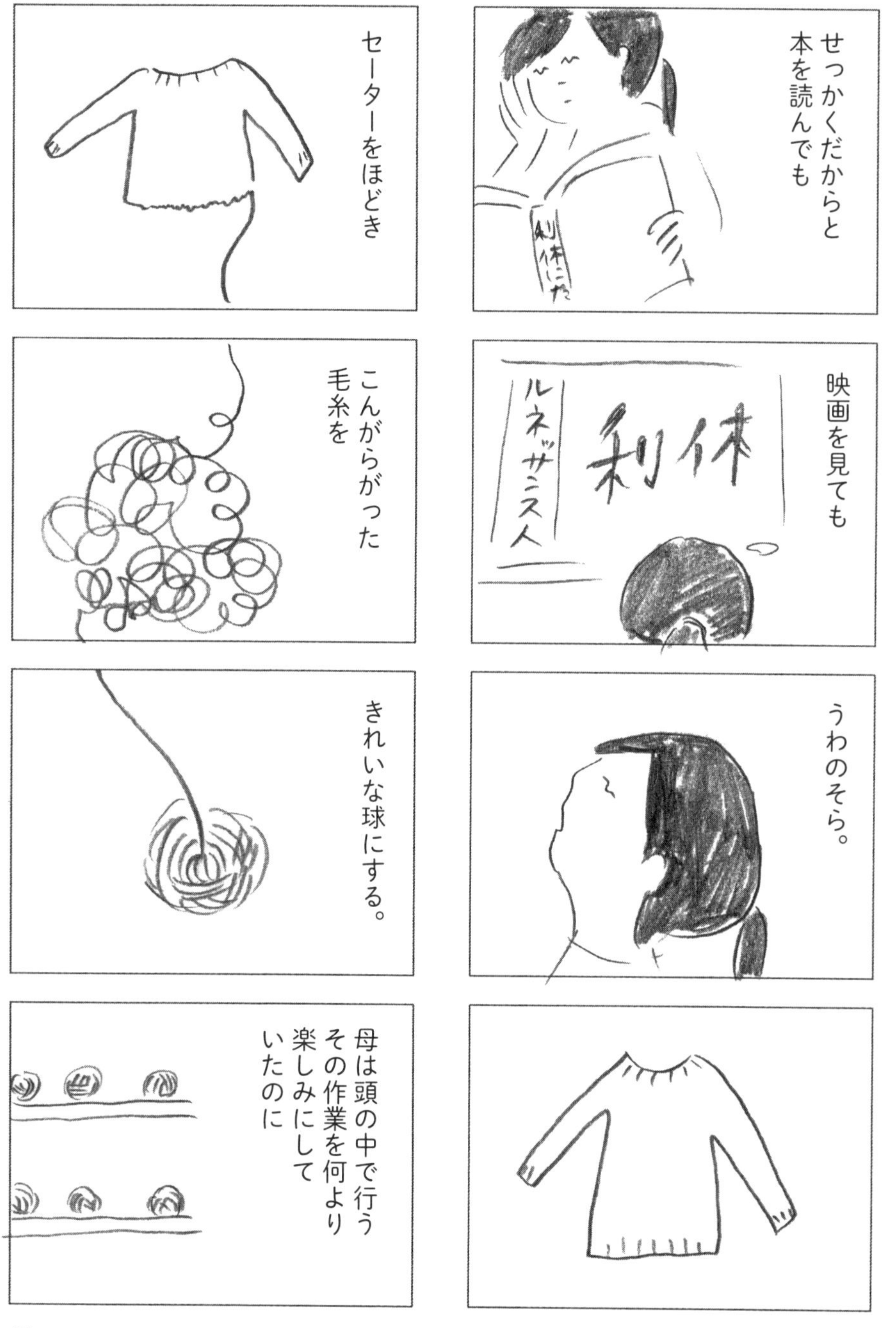
せっかくだからと
本を読んでも
映画を見ても
利休
ルネッサンス人
うわのそら。
セーターをほどき
こんがらがった
毛糸を
きれいな球にする。
母は頭の中で行う
その作業を何より
楽しみにして
いたのに

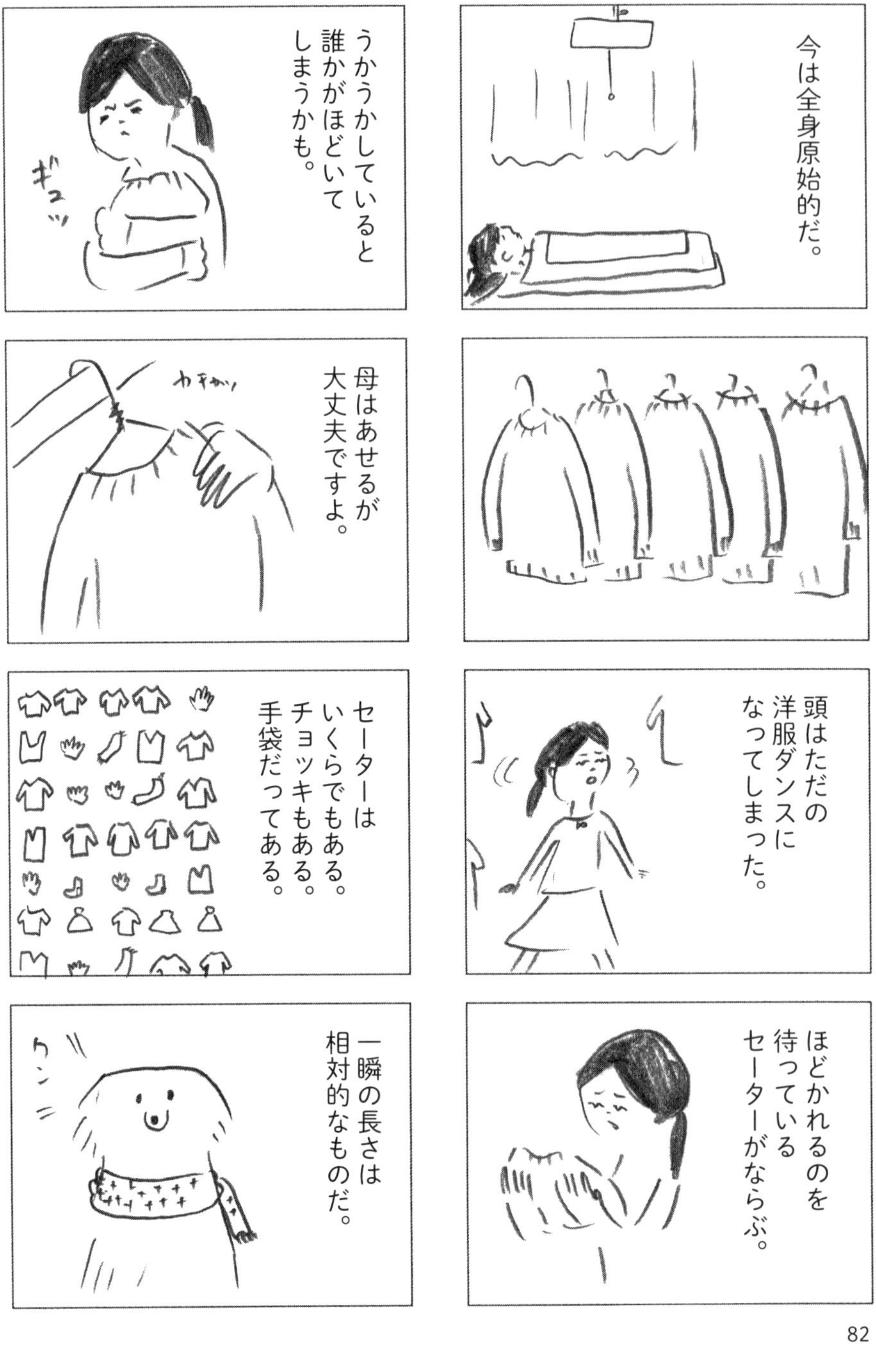
今は全身原始的だ。
頭はただの
洋服ダンスに
なってしまった。
ほどかれるのを
待っている
セーターがならぶ。
うかうかしていると
誰かがほどいて
しまうかも。
ギュッ
母はあせるが
大丈夫ですよ。
セーターは
いくらでもある。
チョッキもある。
手袋だってある。
一瞬の長さは
相対的なものだ。
ウン

七月（5か月）
近所の方に頼まれてお茶を点てている。
ショショショ
ペコ ペコ
って流れです。
ホッ
全然問題なかったですよ
そーっ
きっと当日もバッチリです
ありがとうー
困りますよネお茶会に急によばれても…
いるんですよねーそういう人
でも楽しそう！
キラッ キラ

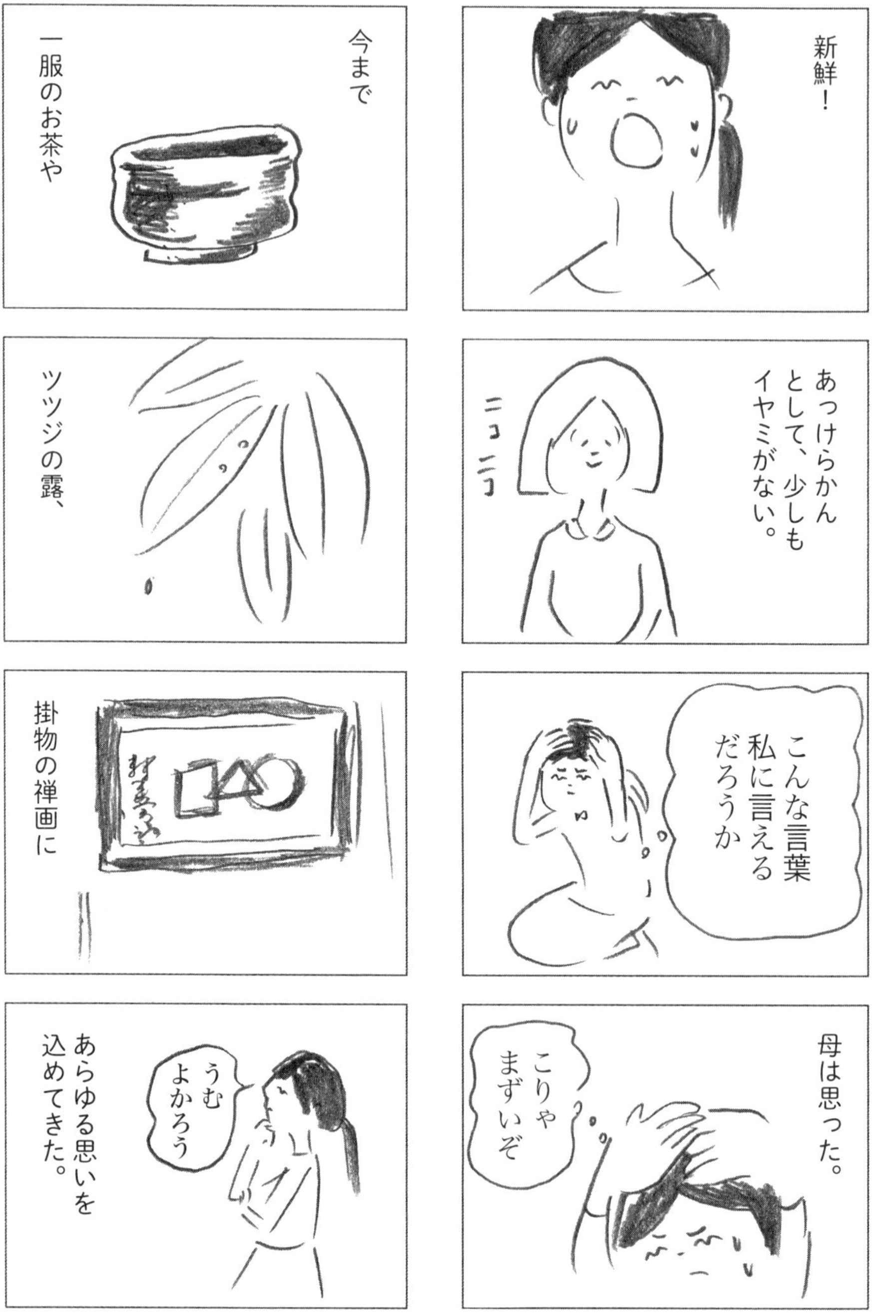
新鮮！
あっけらかんとして、少しもイヤミがない。
ニコニコ
こんな言葉私に言えるだろうか
母は思った。
こりゃまずいぞ
今まで一服のお茶や
ツツジの露、
掛物の禅画に
あらゆる思いを込めてきた。
うむよかろう

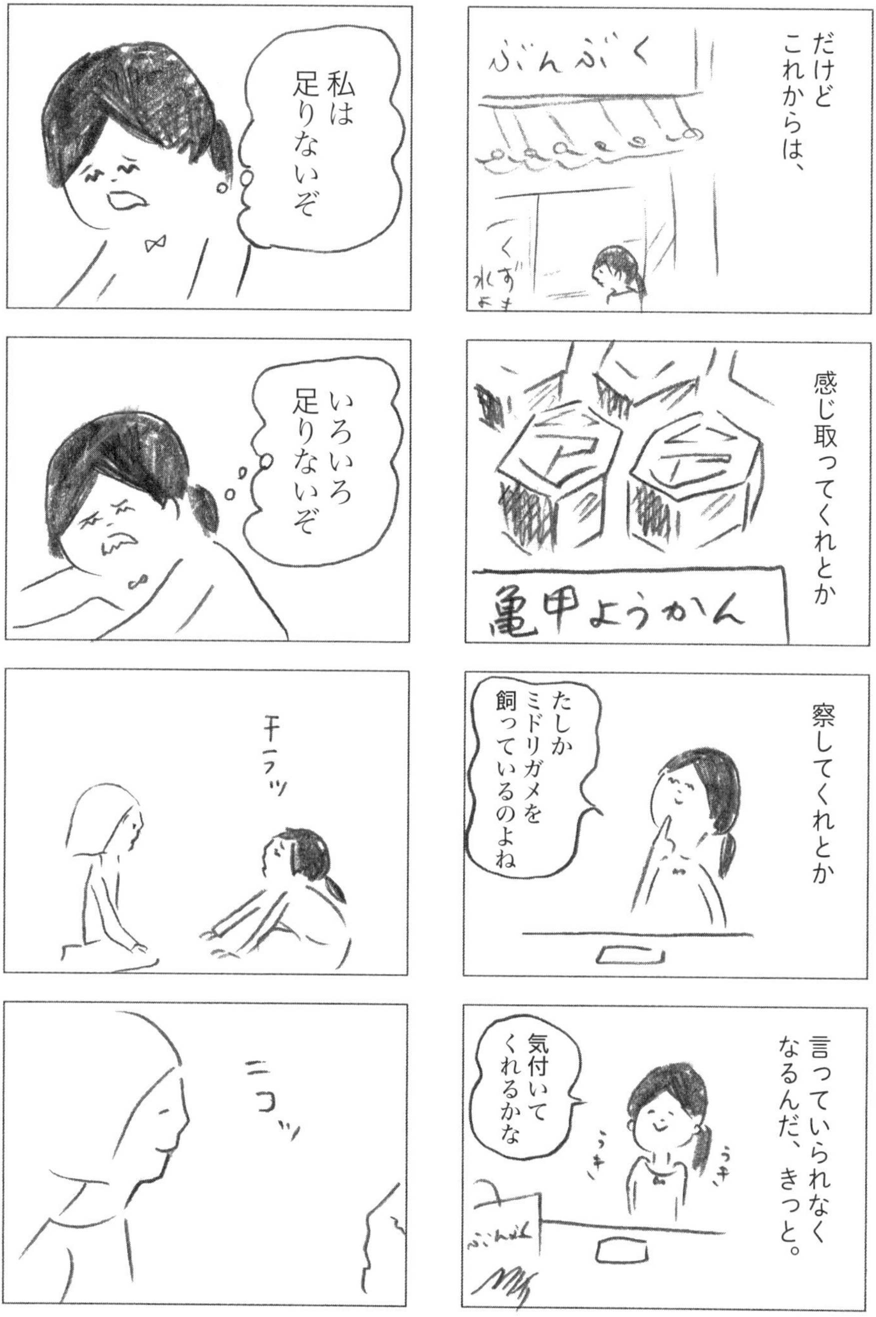
ぶんぶく
だけど
これからは、
亀甲ようかん
感じ取ってくれとか
察してくれとか
たしか
ミドリガメを
飼っているのよね
言っていられなく
なるんだ、きっと。
気付いて
くれるかな
うき
うき
ぶんぶく
私は
足りないぞ
いろいろ
足りないぞ
チラッ
ニコッ

あの実は
私、誰かに言いたかったんだなー
ペラペラ
予定日が十二月三十一日なんです
五か月なんです
これも母性なのか？
ペラペラ
わーおめでとう！
あら、これって亀？
それまでの不安やささいな変化を全部話した。
はい
おいしい

八月 (6か月)
すっかり母親然として、
パタ パタ
衛生的で健康的で
スタ トン トン
なんでもない暮らしを好むようになった。
自分のこれまでの思索は
単なる思春期の延長だったのだ
思想家を気取ったこともあったけど
本物にはとうてい及ばないの

なんてことを腹や腰をさすりながら口ばしる。
シロともすっかり仲がいい。
ほーれ
ほーれ
なんてつまらない。
よほどくだらない。
じゃあね
?
あ、姉さん
あんた
お腹も大きくなってきたでしょ
そろそろ犬小屋で遊ぶのはおやめなさい

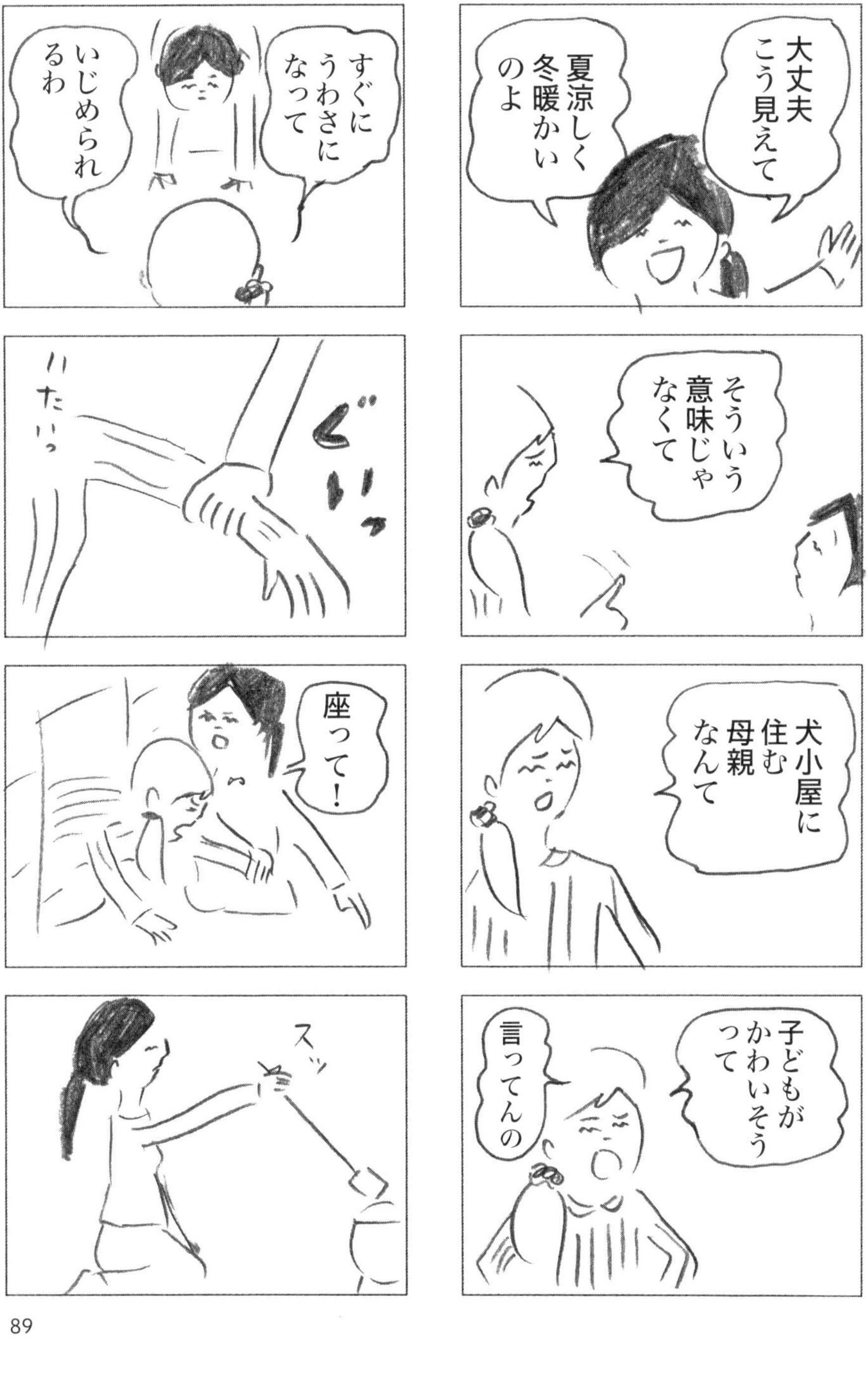
大丈夫こう見えて
夏涼しく冬暖かいのよ
そういう意味じゃなくて
犬小屋に住む母親なんて
子どもがかわいそうって
言ってんの
すぐにうわさになって
いじめられるわ
ぐいっ
いたいっ
座って！
スッ

シュッ
シュッ
シュッ
シュッ
ズズッ
ここは犬小屋じゃなくて
茶室よ！
人のうわさ話しかできないバカのために
なんで私が合わせなきゃいけないのよ
母は世間への怒りを取り戻した。
昔からガンコなんだから！
ぼくは嬉しかった。
プイッ

九月
(7か月)
母の皮肉屋は
父ゆずり。
たまに
ヘッ
と笑う。
男に生まれて
世界中に
子を持つのが
夢だった。
いかんせん
女だったので
夢はあきらめた
チッ
パチーン
が、気になることが
あった。
夫と
夫の家族のこと。

彼の本分は
無邪気だ。
そして
彼の母は
天真爛漫。
彼の弟は
真っ当で善良。
この事実を
無視できる
のか!?
できっこない。
悪意には
悪意で返せる。
でも
善意には
されるがまま。
皮肉屋の
弱点だ。

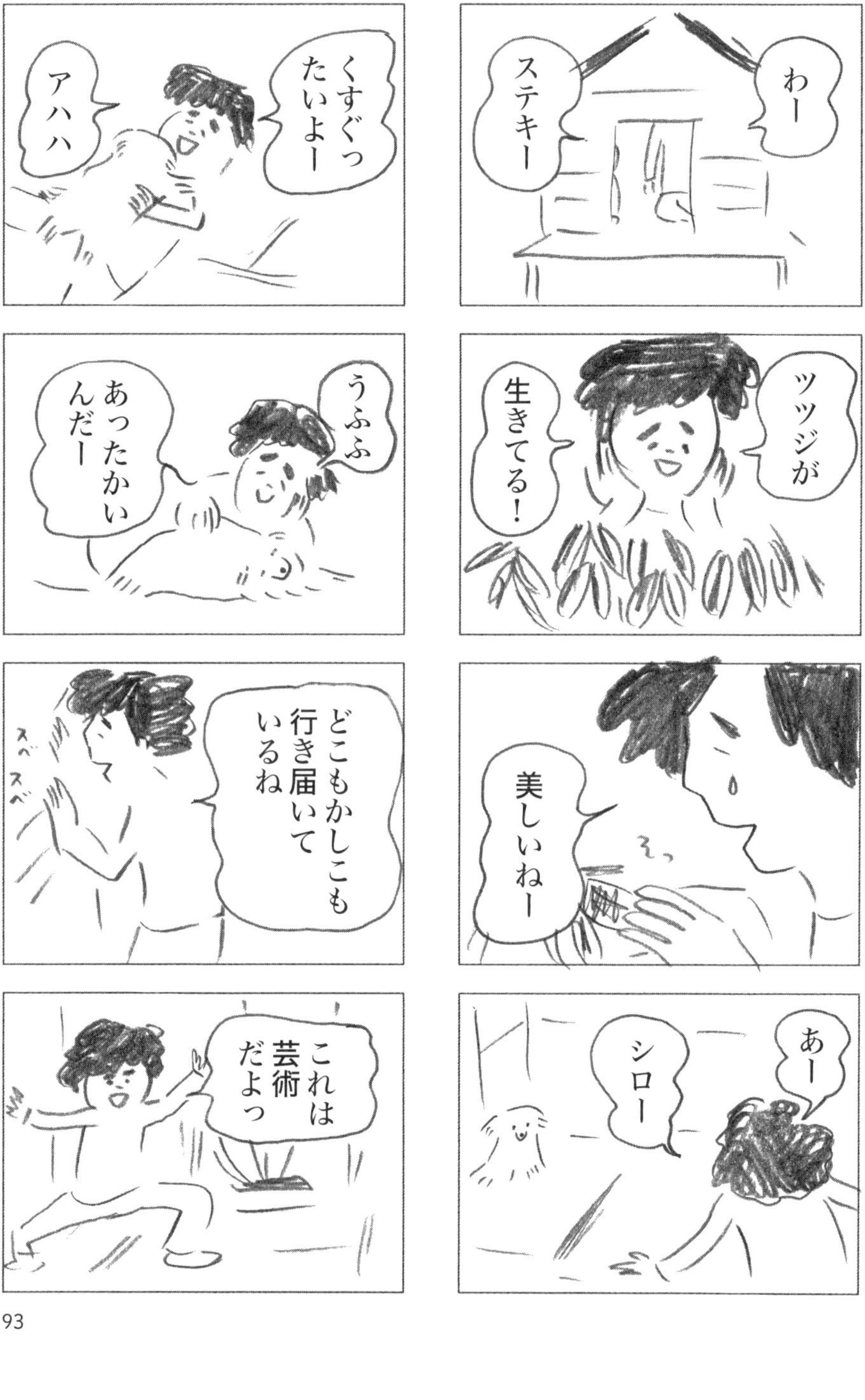
わー
ステキー
ツツジが
生きてる！
美しいねー
あー
シロー
くすぐったいよー
アハハ
うふふ
あったかいんだー
どこもかしこも行き届いているね
スベスベ
これは芸術だよっ

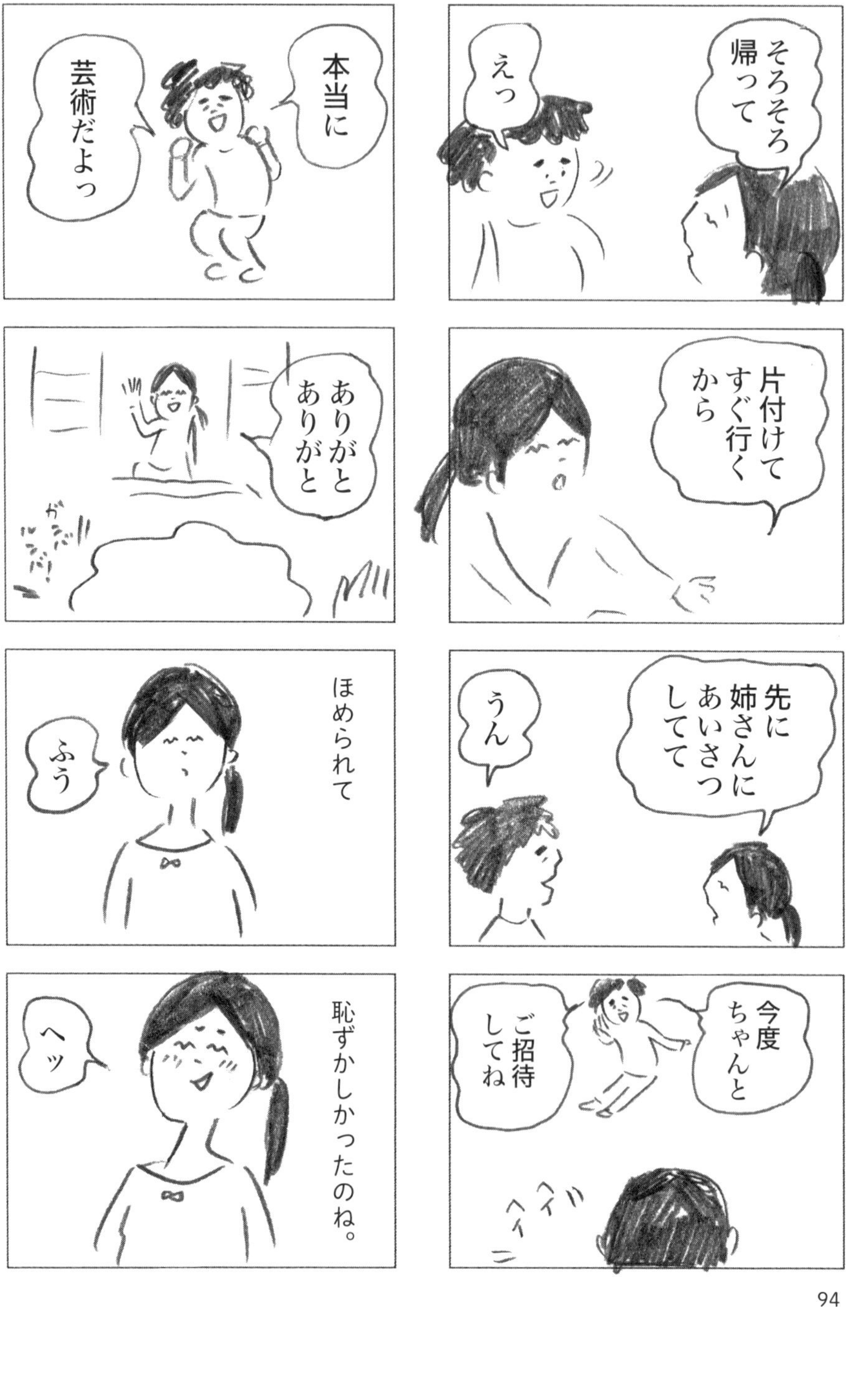
そろそろ帰ってて
えっ
片付けてすぐ行くから
先に姉さんにあいさつしてて
うん
今度ちゃんと
ご招待してね
ヘイヘイ
本当に
芸術だよっ
ありがとありがと
ほめられて
ふう
恥ずかしかったのね。
ヘッ

十月
(8か月)
道ですれ違った
男子生徒の
大きな弁当箱を
見て
母は叫びそうに
なった。
ごはんを
めいっぱいつめて
しょっぱいおかず
をいくつか
漏れる汁
教科書のシミ
国語 I
ぞっとした。
ブルリッ

ぞっとしながらも ずっと考えて いたかった。
あわわ
わわ
あー
千春ちゃんの お弁当は いつもおいしそう だったなあ
千春ちゃん
ババア！ パン買う 金よこせよ
デザートも あったものの なあ
ゼリー
プリン
とか 言われる のかなあ
お弁当の イチゴって 白くて ブヨブヨ…
絶対に 許さねえ
ギリッ ギリッ

思い出をたどっているのか、
未来を想像しているのか
判らなくなってきた。
こんにちはー
こんにちはー
八か月くらい？
はい
母が驚いているのは、
十年、二十年、三十年前だとしても
おばちゃんたちが
私のころはね…
と覚えていること。

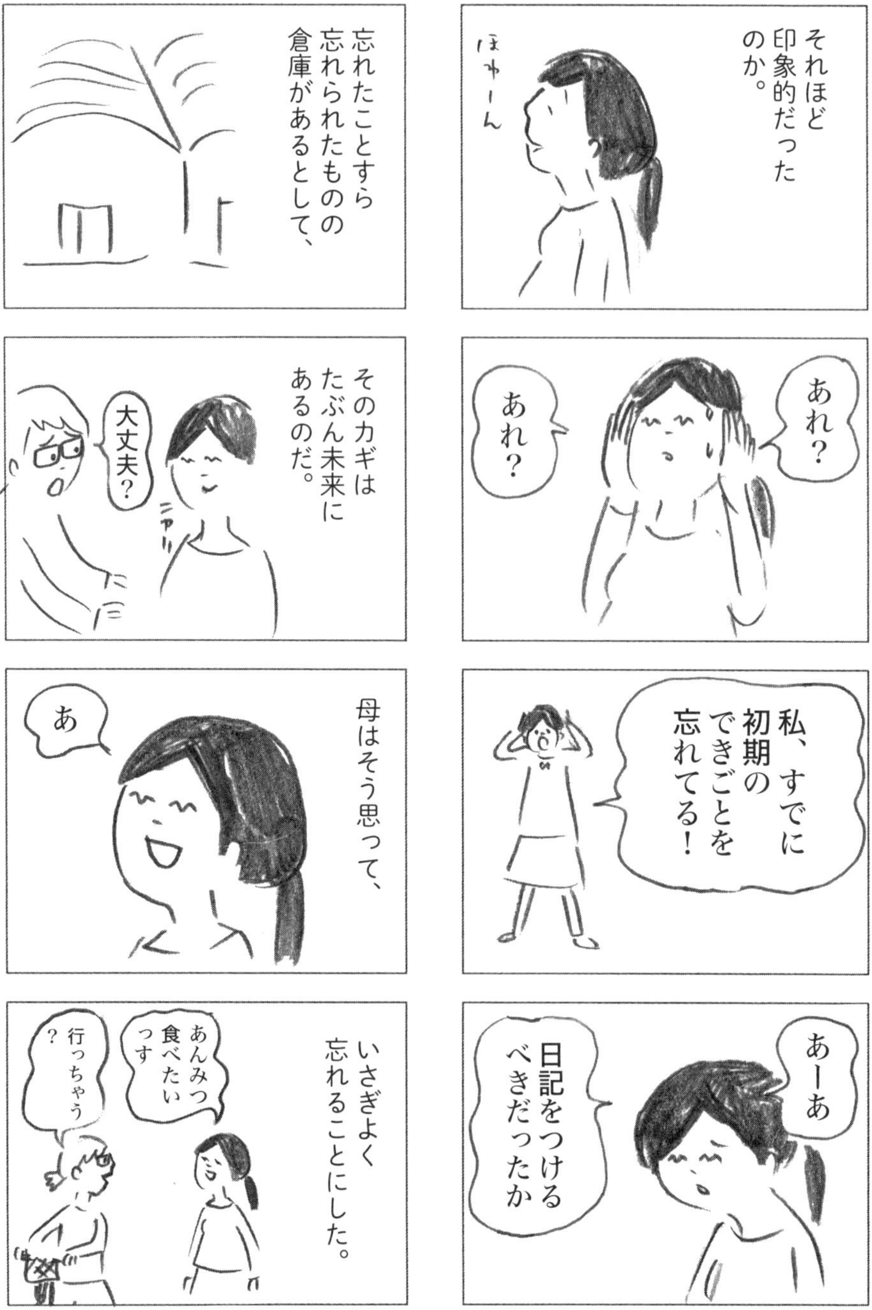
それほど印象的だったのか。
ほゎーん
忘れたことすら忘れられたものの倉庫があるとして、
あれ？
あれ？
そのカギはたぶん未来にあるのだ。
大丈夫？
ニヤリ
私、すでに初期のできごとを忘れてる！
母はそう思って、
あ
あーあ
日記をつけるべきだったか
いさぎよく忘れることにした。
あんみつ食べたいっす
行っちゃう？

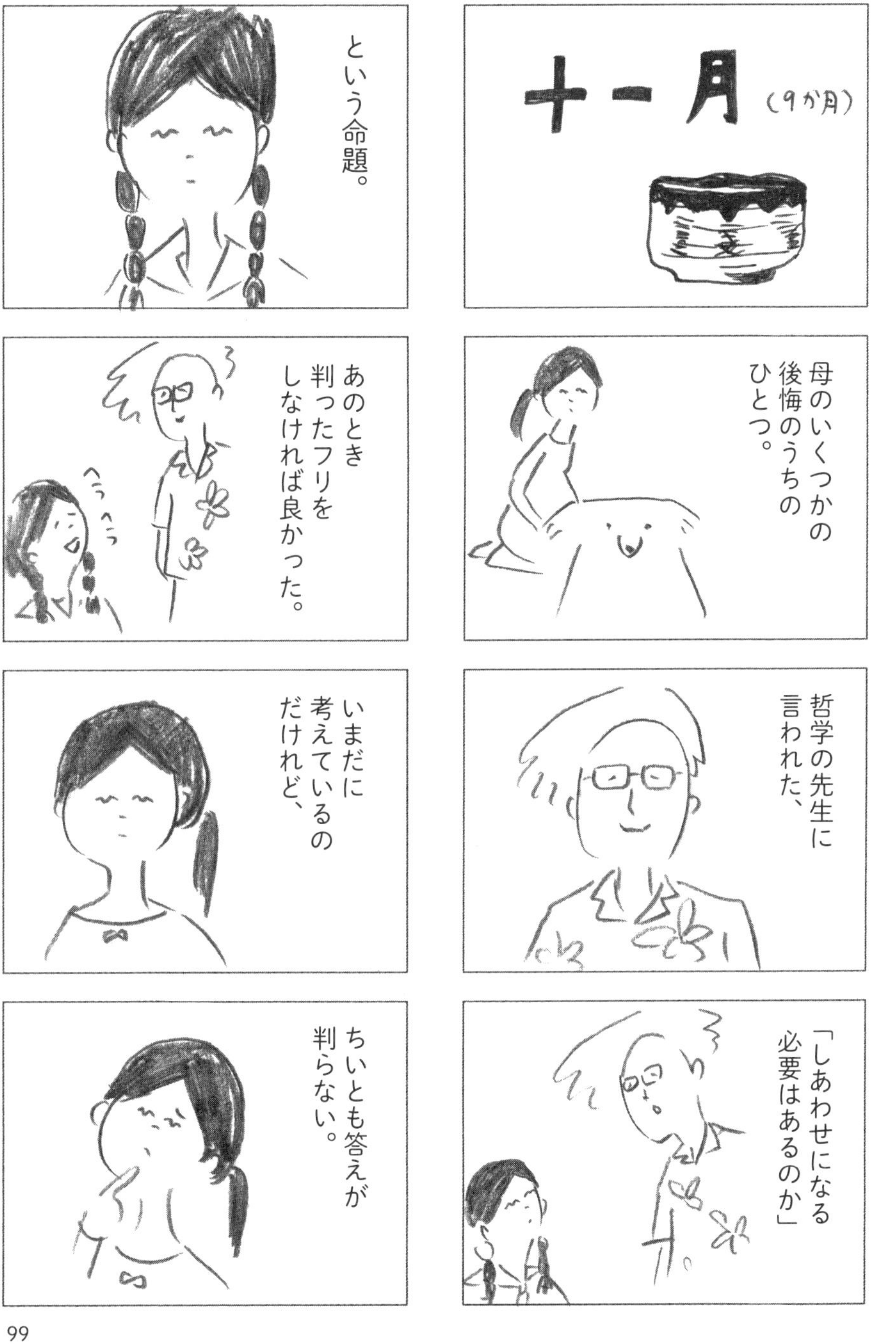
十一月
(9か月)
母のいくつかの後悔のうちのひとつ。
哲学の先生に言われた、
「しあわせになる必要はあるのか」
という命題。
あのとき判ったフリをしなければ良かった。
へら へら
いまだに考えているのだけれど、
ちいとも答えが判らない。

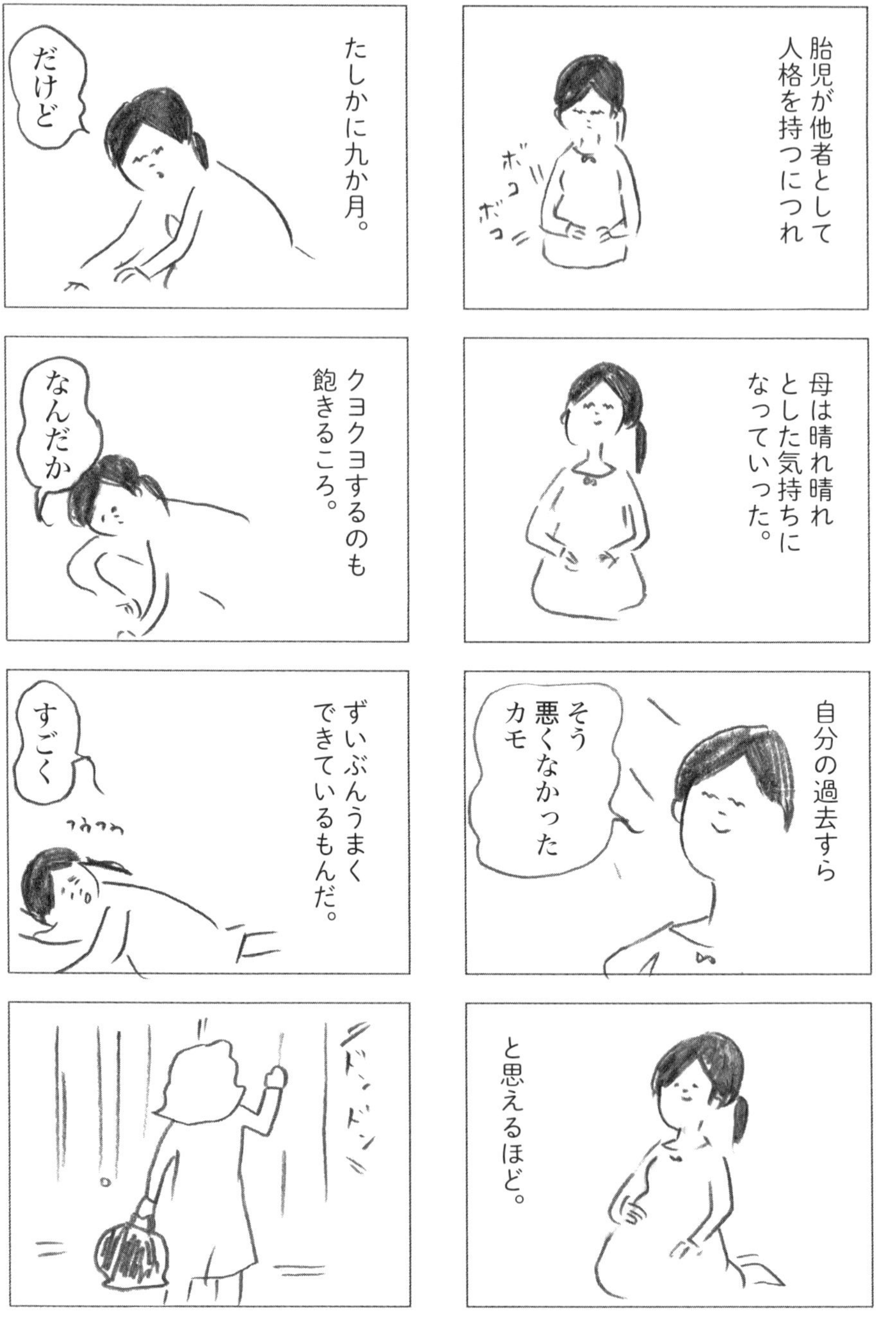
胎児が他者として
人格を持つにつれ
ボコ
ボコ
母は晴れ晴れ
とした気持ちに
なっていった。
自分の過去すら
そう
悪くなかった
カモ
と思えるほど。
たしかに九か月。
だけど
クヨクヨするのも
飽きるころ。
なんだか
ずいぶんうまく
できているもんだ。
すごく
ドンドン

つかれるんです
血圧が高いねー
なるたけ安静に
ハイ
こわいなあ
今まで順調だっただけにとまどう。
空気も冷えて
頭もスッキリ
大好きな季節だ
眠るのがもったいないな…
ムニャ

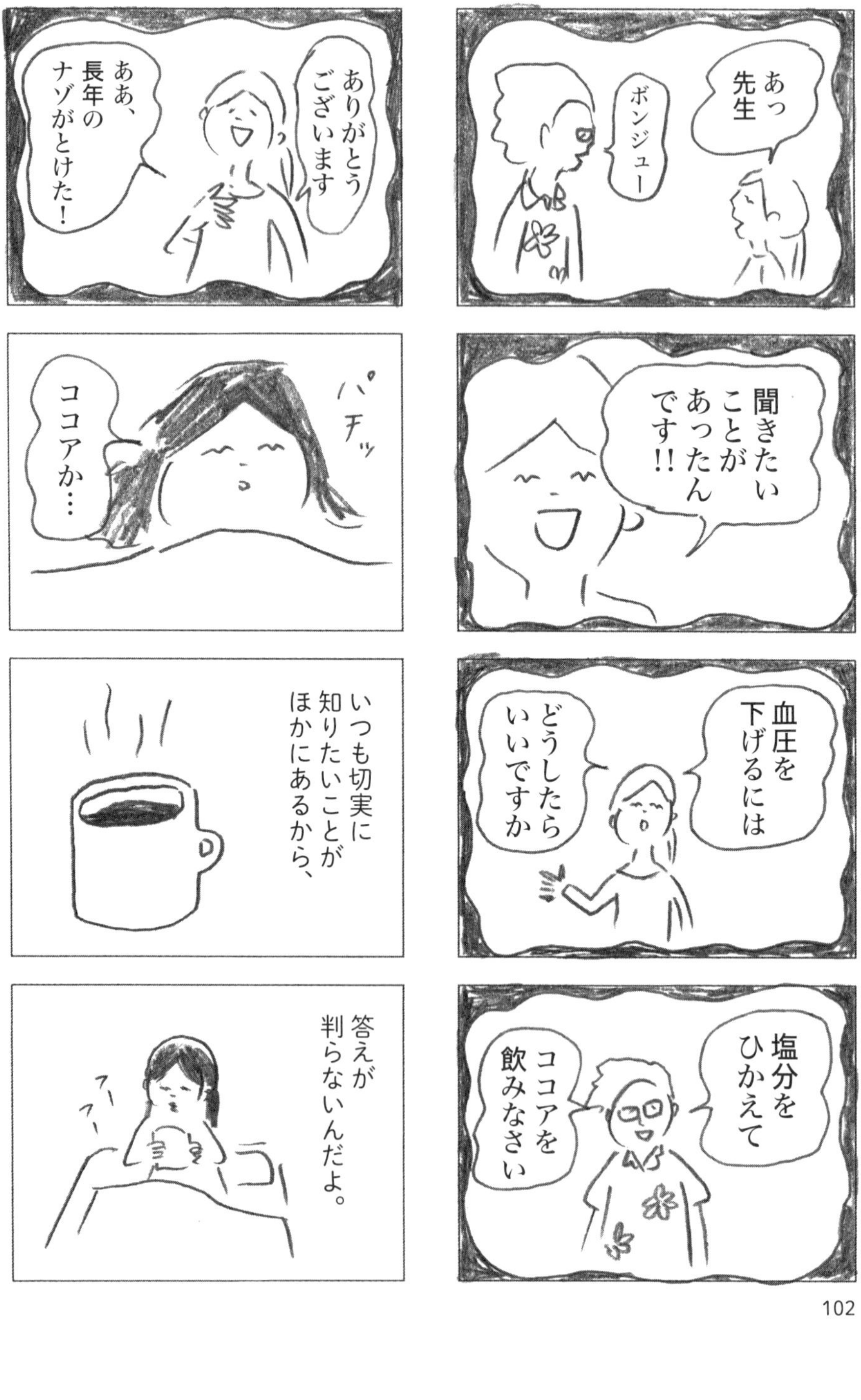
あっ先生
ボンジュー
聞きたいことがあったんです!!
血圧を下げるには
どうしたらいいですか
塩分をひかえて
ココアを飲みなさい
ありがとうございます
ああ、長年のナゾがとけた!
パチッ
ココアか…
いつも切実に知りたいことがほかにあるから、
答えが判らないんだよ。
フー
フー

十二月
(10か月)
いたた
いたたたた
しーーん
いたた
いたたたたた
母が苦しんでいる。
うぐぐ
シロは眠っている。
兄さん
兄さん
もしや、弟!?
ええ、はじめまして
フゥフゥ

ぼく、そろそろ外に出ようと思います
ウーン
ウーン
その前にひとつだけはっきりさせたくて
ハァハァ
兄さんはぼくのことを弟と呼ぶし
母さんのことを母と呼びますが、
兄さんは子ではないですよ
そんなこと
しー　ーん
判っているよ
しー　ーん
なんだ、君は
うっ
いじわるなんだな。
また来た

そうなるかもしれないけど
今は無垢なベビーですよ
うらやましいんです
ぼくも作品として生まれたかった
子どもなんて奇跡やら運やら
そんなのの集大成で
母の意志なんて
数パーセントも反映されていない
私にだけは
似ませんように
そもそもぼくは母親にそっくりですもの
わっまた来たー
九……十……。
十分間隔!
だ、だ、だれかー

ガタ
ガタ
ガタ
母さん!!
フウフウフウ
マナブ！おばあちゃん呼んできて！
うん
バターン！
何の音!?
茶室の方だよ！
トトトッ
スタッ
青葉子！
おばちゃん！
うーんうーん
タタッ
タタタ

育む茶室／おわり

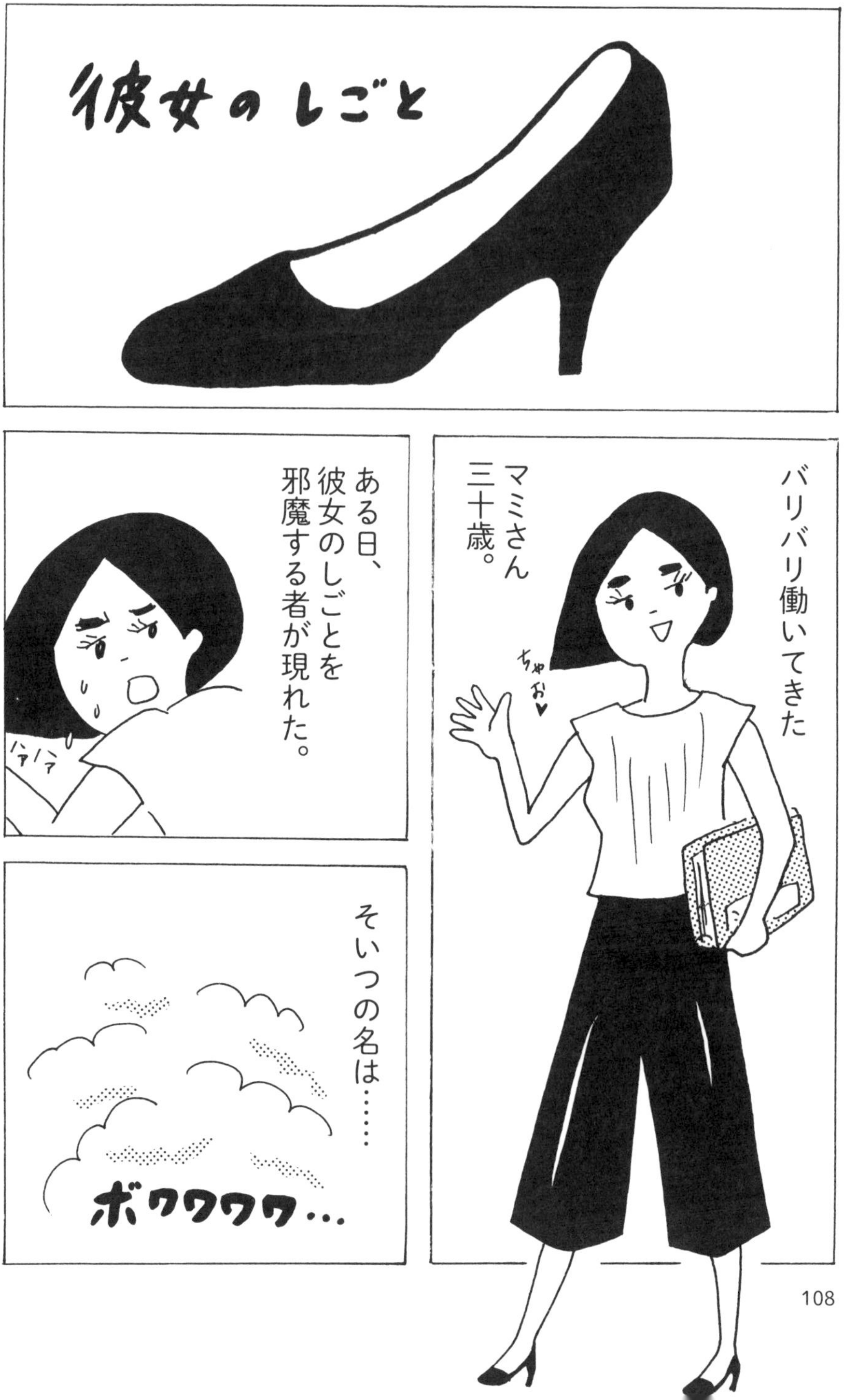
彼女のしごと
バリバリ働いてきた
マミさん三十歳。
ちゃお♥
ある日、彼女のしごとを邪魔する者が現れた。
ハァハァ
そいつの名は……
ボワワワワ…

赤ちゃん！
バーブッ
産後、プロジェクトの企画書づくりを在宅で再開させたが
びゃー
びゃー
ちいとも進まない。
今は首もすわっていないし
もう少し大きくなればきっとラクになるわ

誤解されぬよう乳飲み子に説明しながら。
これは資料づくりよーネットサーフィンしてんじゃないのよー
わーっ
ムシャムシャ
ビリッ
きゃーっ
ビーンッ
大きくなればなるほど
ハァ
ハァ
キャッキャッ
目が離せないじゃないのさ~
じたじた

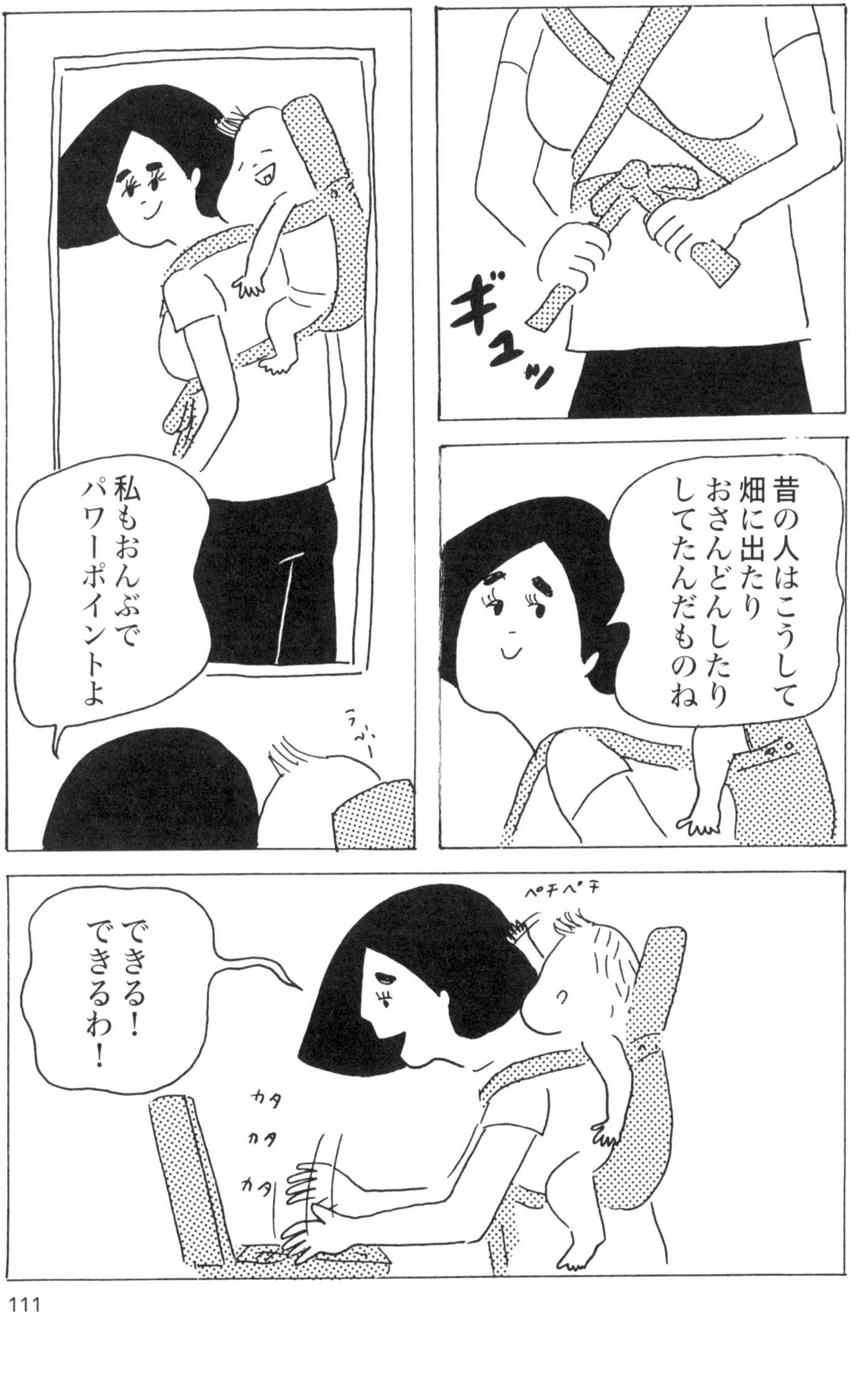

ギュッ
昔の人はこうして畑に出たりおさんどんしたりしてたんだものね
私もおんぶでパワーポイントよ
ラぶー
ペチペチ
できる! できるわ!
カタ
カタ
カタ

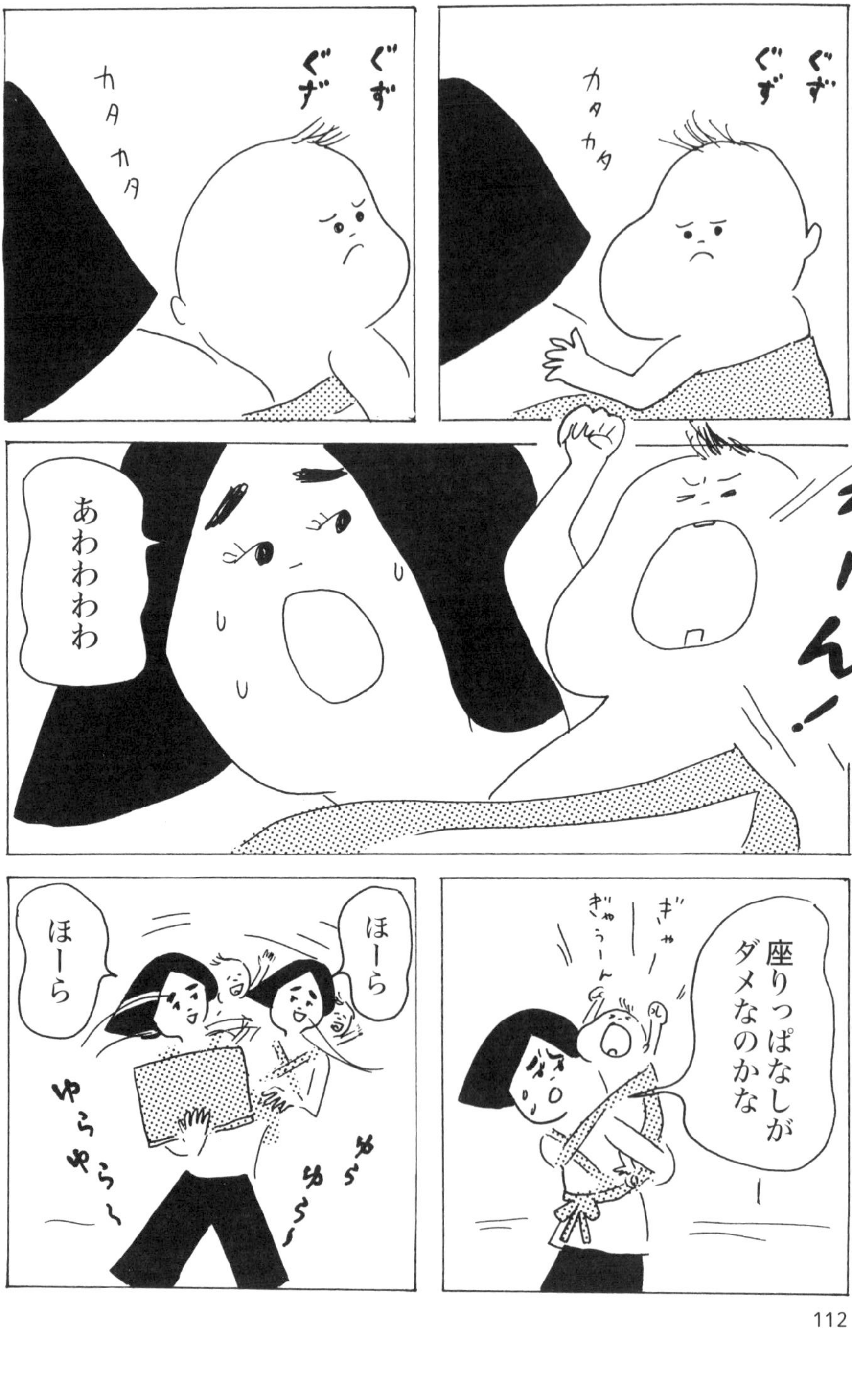
ぐずぐず
カタカタ
ぐずぐず
カタカタ
わーんー!
あわわわわ
ぎゃ
ぎゃうーん
座りっぱなしがダメなのかな
ほーら
ほーら
ゆらゆら〜
ゆらゆら〜

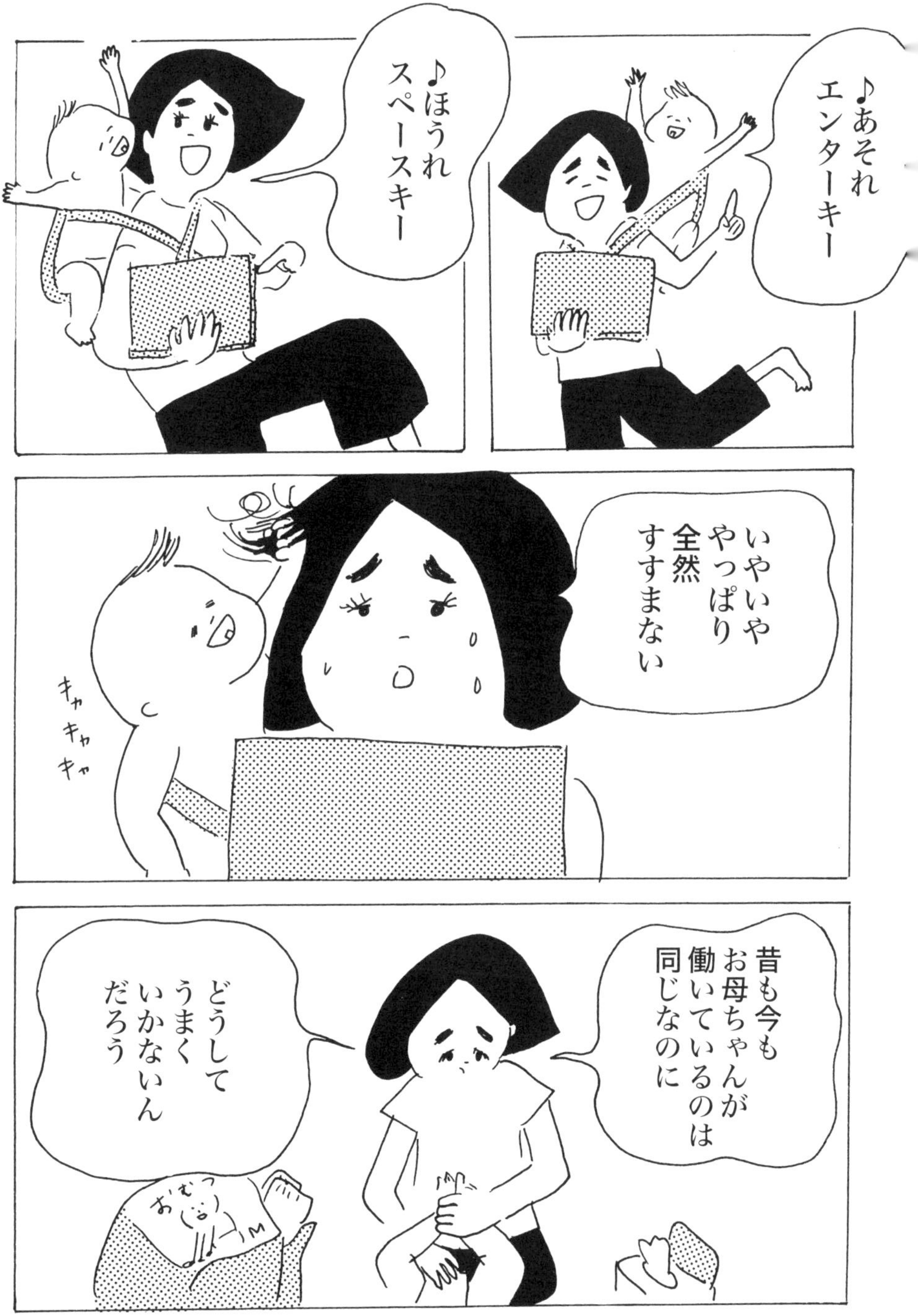
♪あそれ エンターキー
♪ほうれ スペースキー
いやいや やっぱり 全然 すすまない
キャキャキャ
昔も今も お母ちゃんが 働いているのは 同じなのに
どうして うまく いかないん だろう
おむつ

じょうず
じょうず〜
あー
「仕事」と「労働」のちがいなのかな
ブー
野良仕事
針仕事
時間外労働
ショボ
ショボ
肉体労働
フゥ
フゥ

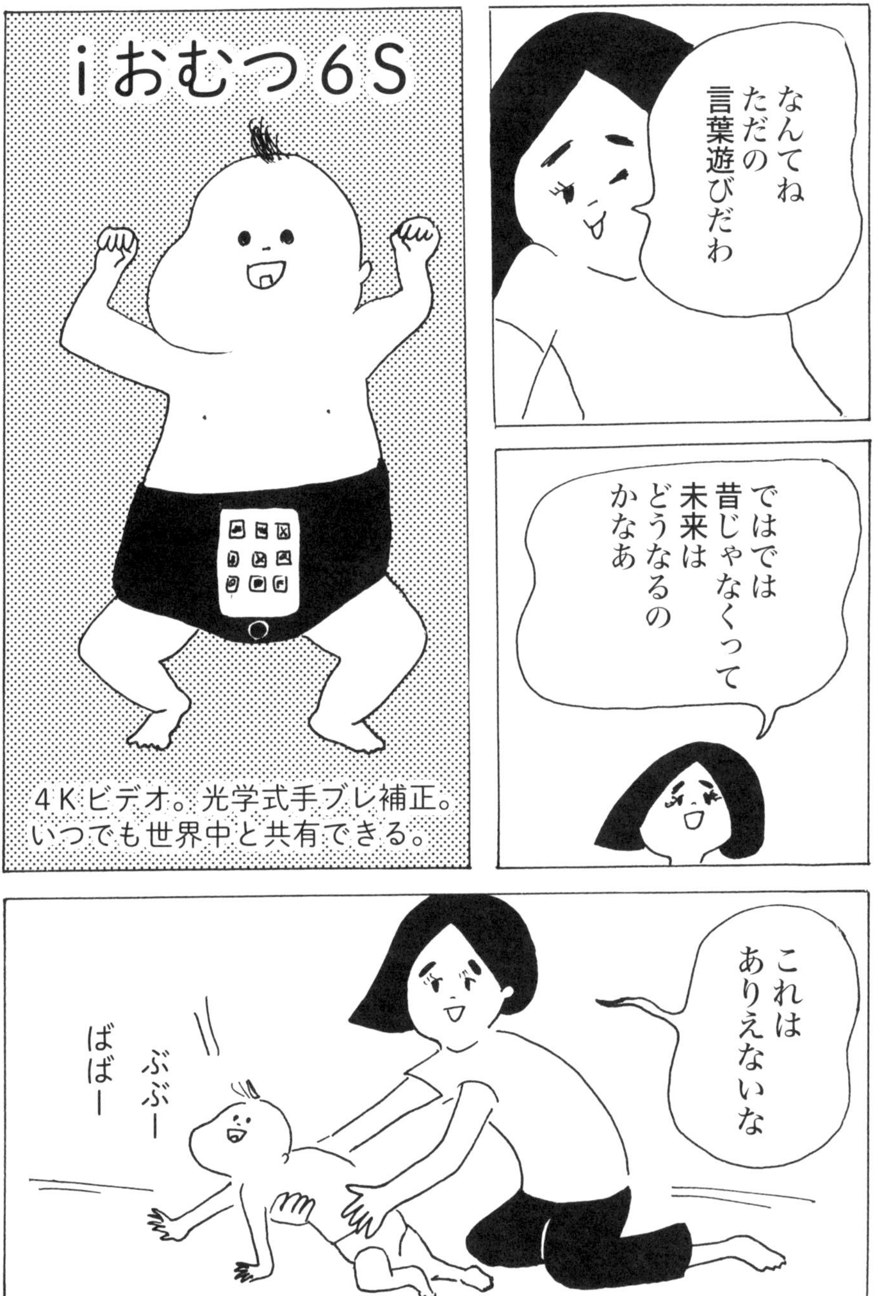
なんてね ただの 言葉遊びだわ
ではでは 昔じゃなくって 未来は どうなるの かなあ
iおむつ6S
4Kビデオ。光学式手ブレ補正。
いつでも世界中と共有できる。
これは ありえないな
ぶぶー
ばばー

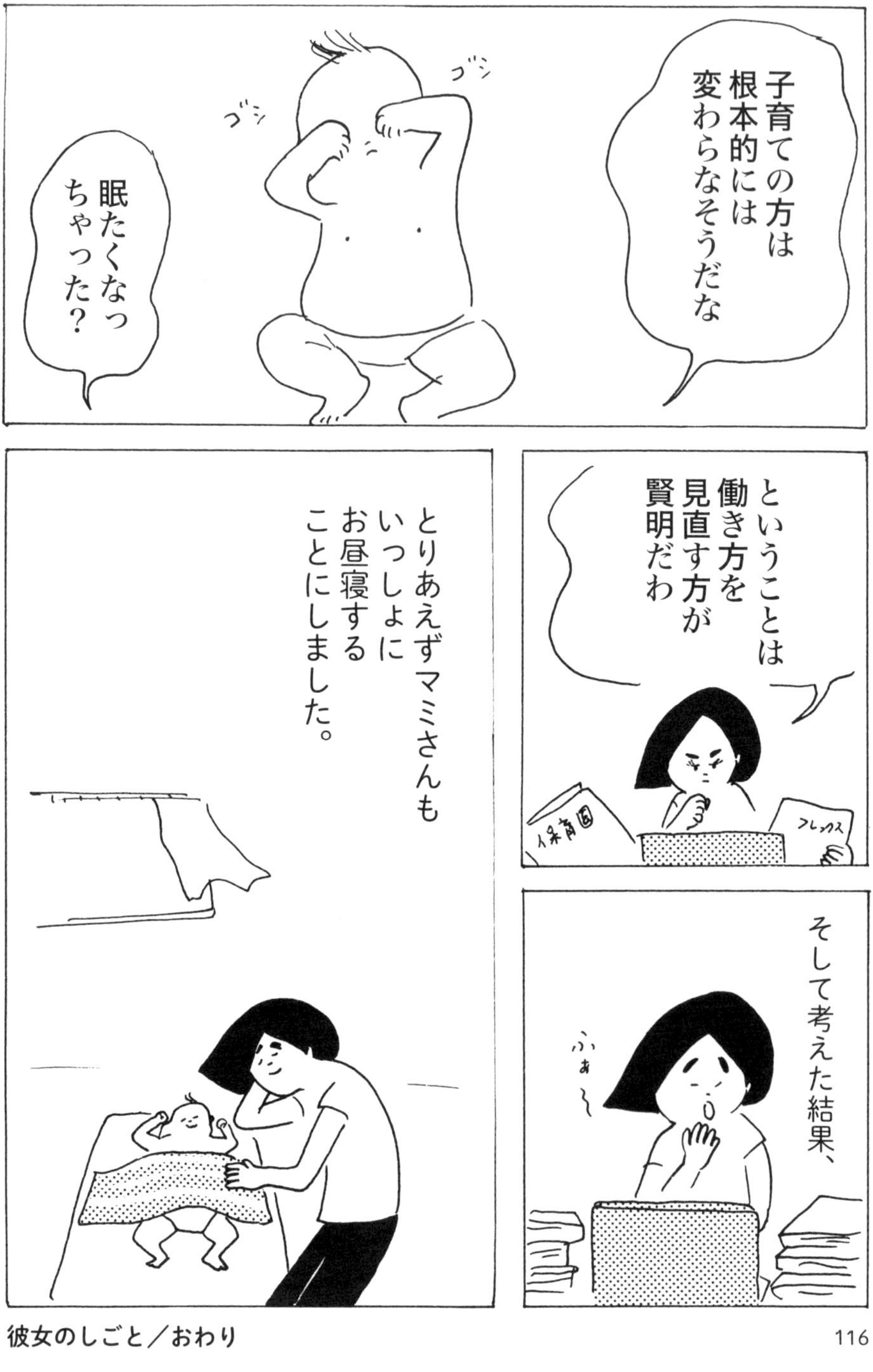
子育ての方は根本的には変わらなそうだな
ゴシ
ゴシ
眠たくなっちゃった？
ということは働き方を見直す方が賢明だわ
保育園
フレックス
そして考えた結果、
ふぁ〜
とりあえずマミさんもいっしょにお昼寝することにしました。

彼女のしごと／おわり

あとがきまんが

エリと青葉子とマミさん
本来なら書名はこうなるはずですが
ページ数の多い私たちの名前だけになっています
エリと青葉子
全然気にしてないよー

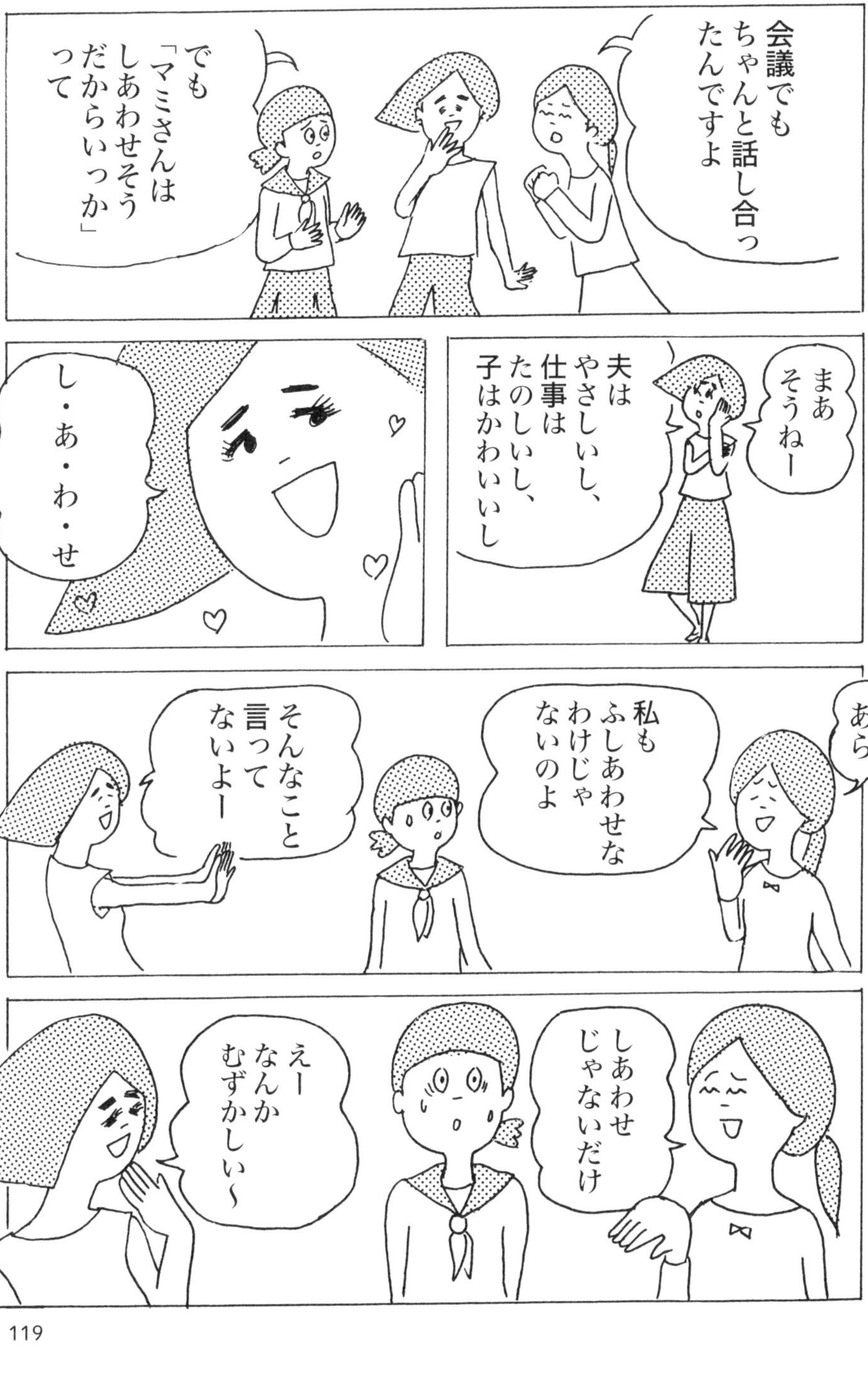

会議でも
ちゃんと話し合ったんですよ
でも
「マミさんは
しあわせそう
だからいっか」
って
まあ
そうねー
夫は
やさしいし、
仕事は
たのしいし、
子はかわいいし
し・あ・わ・せ
あら
私も
ふしあわせな
わけじゃ
ないのよ
そんなこと
言って
ないよー
しあわせ
じゃないだけ
えー
なんか
むずかしい〜

た、
たしかに
波瀾万丈じゃなきゃ物語にはならないから
ビュウ
ビュウ
タイトルの人よりも
脇役の人の方がしあわせなのかも
アンナカレーニナか
幸福な家庭は似てて、不幸な家庭はそれぞれってやつですね
ねえねえそんなこむずかしいことじゃなくってぇー

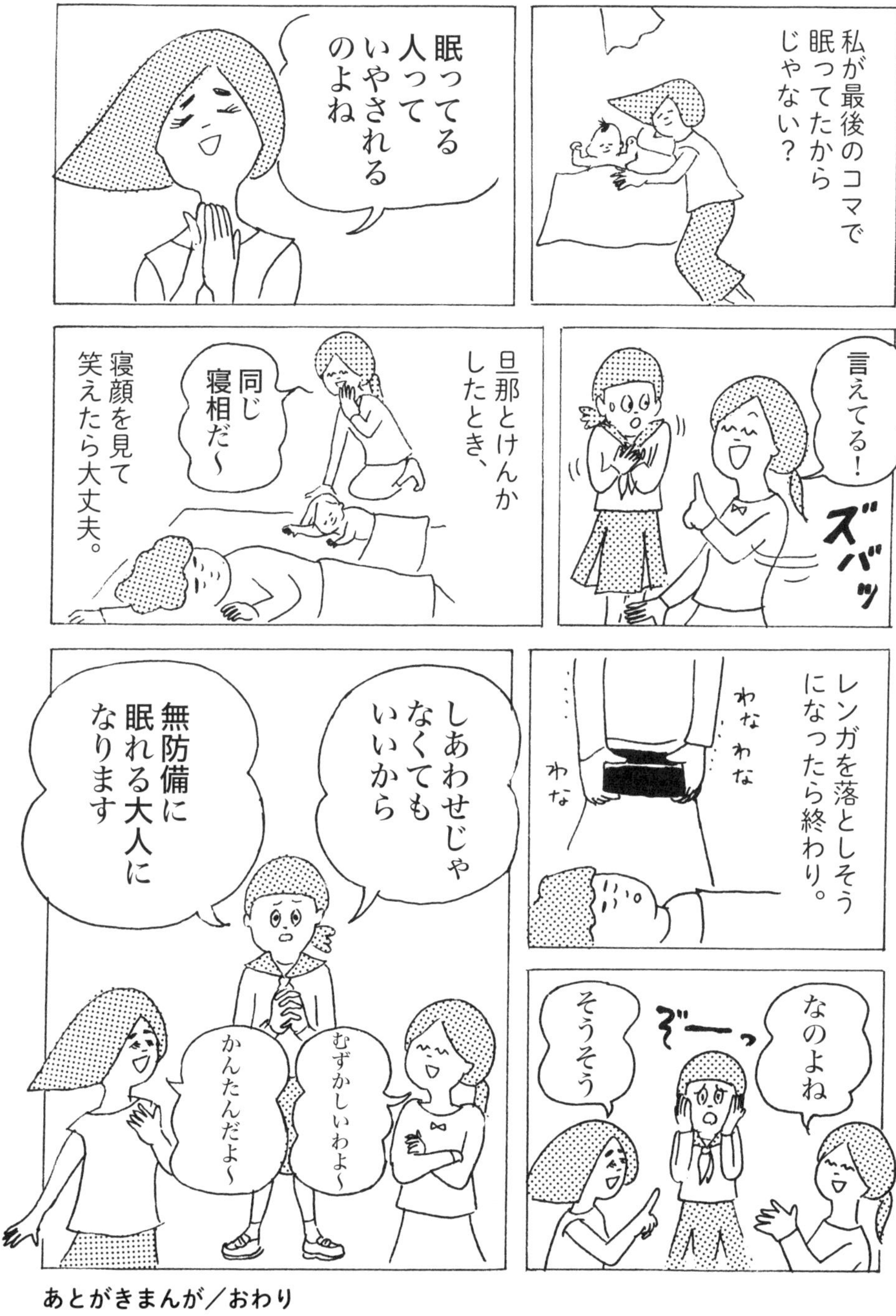
私が最後のコマで眠ってたからじゃない？
眠ってる人っていやされるのよね
言えてる！
ズバッ
旦那とけんかしたとき、
同じ寝相だ～
寝顔を見て笑えたら大丈夫。
レンガを落としそうになったら終わり。
わなわな
わな
なのよね
ぞーっ
そうそう
しあわせじゃなくてもいいから
無防備に眠れる大人になります
むずかしいわよ～
かんたんだよ～

あとがきまんが／おわり

著者紹介

関根美有（せきね・みゆう）

1977年仙台市生まれ。秋田公立美術工芸短期大学卒業。ロッキング・オン『H』『コミックH』等に連載（現在は終了）。2012年アックス新人賞 佳作受賞。現在は、ほのぼのとした漫画を描きながら、堅めな本の図版やイラストも作成。兼業漫画家として、出版社やパン屋などさまざまな職業を経験。現在『月刊ミステリーボニータ』（秋田書店）で「タピシエール」を連載中。著書に『白エリと青エリ 1』（タバブックス）『はびこる愛』（シカク出版）。

初出

白エリと青エリ 2　「マガジンtb」　2014年9月〜2016年3月
http://tababooks.com/taxtbinfo/shiroeri-aoeri

育む茶室　2014年11月発表

彼女のしごと　『仕事文脈』vol.7（2015年11月）

あとがきまんが・エリと青葉子とマミさん　描き下ろし

エリと青《あお》葉《ば》子《こ》　白エリと青エリ2／育む茶室

2016年9月10日　初版発行

著　者　関根美有

装　丁　芥 陽子（note）

発行人　宮川真紀

発　行　合同会社タバブックス

東京都渋谷区渋谷1-17-1　〒150-0002

tel：03-6796-2796　fax：03-6736-0689

mail：info@tababooks.com

URL：http://tababooks.com/

印刷製本　シナノ書籍印刷株式会社

ISBN978-4-907053-14-7　C0079

Printed in Japan